나는, 호구였다

나는 아직 어리다.

나는 배움이 부족하다.

나는 인생 선배들보다

경험도 부족하다.

그렇기 때문에
어렵게 글을 쓰고 싶지 않았다.

배운 척, 있는 척 하고 싶지 않고

있는 그대로

내가 경험했던,

내가 생각했던,

내가 행동으로 옮겼던 것들만

이야기하고 싶었다.

생각에만 머물러

아직 시도하지 않고

행동하지 않은 사람들에게

어렵지 않다고
말해주고 싶었다.

차 례

1막
인생은 독고다이가 아니다

- 19 호구로 살아라!
- 27 가난해? 맞아! 부모님이 좀 이상해? 알아!
- 37 인생은 독고다이가 아니다
- 47 취해있지 마라
- 57 2,000원이 뭐라고

2막
누구에게나 처음은 낯설다

- 71 싸가지 없는 독한 놈
- 81 누구에게나 처음은 낯설다
- 89 처음으로 욕심을 가져봤다
- 101 불리한 게임
- 107 10 < 4 10보다 4가 더 큰 이유

3막
미치는 것에도 노력이 필요하다

125 미치는 것에도 노력이 필요하다
137 죄책감 없이 잠을 청해라
149 깡다구 좀 부릴게요
161 나만의 속도

4막
성공할래? 성장할래?

171 스스로 결정하고 스스로 맞이하라
181 당신의 인생에 딴지 걸 거야?
189 성공할래? 성장할래?
199 귀찮으니까 적어보라고

희생이란 단어는 아프다.

다른 사람, 혹은 어떤 목적을 위해
자신을 바치거나
가진 것을 포기해야 하기 때문이다.

하지만
나는 아프지 않았다.
슬프지 않았다.

열심히 살아야 했던
내 인생에 대한 희생이었기에
아프지 않았고 슬프지 않았다.

나 자신이 원했던 희생이었는지도 모른다.

아니,
희생이라고 생각해 보지 못했던 건지도 모른다.

오늘 하루
내 몫을 해냈다는 만족감을 얻기 위한
작은 시작이었는지 모른다.

1막

인생은
독고다이가
아니다

호구로 살아라!

"호구로 살아봐."
"뭐? 호구로 살라고?"
"호구로 살다 보면 생각보다 얻는 게 많아."

'저라고 당하고 싶었던 건 아니었습니다. 그래도 사람 좋은 척 버티다 보면 누군가 한 명쯤은 말해줄 줄 알았습니다. 니가 잘못 산 게 아니라고. 그런데 그런 일은 일어나지 않았습니다.'

드라마 '사이코패스 다이어리'에서 억울하게 누명을 쓰고, 회사에서 잘릴 위기에 놓인 주인공 육동식의 독백이다. 내가 '호구'

로 살아보라는 것은 주인공 육동식처럼 타인을 배려하기 위해 나의 마음 깊은 곳에서부터 올라오는 힘든 감정을 꾹꾹 참아가며 눈앞의 사람에게 맞추라는 얘기가 아니다. 타인에게 안타까운 사정이 있다고 해서 나를 외면하면서까지 잘해주라는 뜻도 아니다. 타고난 성격 때문이라고 치부하면서 "죄송하다."는 말을 반복하며 이용당하라는 것이 아니다.

학창시절, 여러 아르바이트를 전전하던 나는 물류업에 첫발을 들였다. 높은 시급을 준다는 것 때문에 시작했지만 택배 상하차 일은 정말이지 만만치 않았다.

잠시 허리를 펼 틈도, 물 한 모금 마실 시간조차 허락되지 않는 촌각을 다투는 치열한 곳. 더군다나 고등학교를 다녀야 했기에 쪽잠을 자더라도 견뎌내야 했던 그 시절.

이 와중에도 나는 다른 사람들의 일이 궁금했다.

모두가 기계처럼 수많은 택배상자를 올리고 내릴 때, 모니터와 서류를 보며 무언가를 지시하고 체크하는 센터장님. 누구와 통화를 하시는지 연신 목소리만 들렸다. 늘 바쁘게 보였지만 어쩌면 상하차 일을 하시지 않는 센터장님의 모습이 부러웠는지도 모르겠다.

뭘까.
센터장님은 대체 무슨 일을 하시는 걸까.

일단 시간이 날 때마다
센터장님과 반장님이 일하시는 모습을
유심히 살펴보기 시작했다.
같은 공간, 같은 회사인데
왜 다른 일을 하는지 궁금했기 때문이다.
단지 그뿐이었다.

센터장님과 반장님의 일을 배워서 나도 나중에 저 자리에 올라가야겠다고 생각한 건 아니었다. 몸은 힘들고 다음 날 학교도 가야 했지만 난 그저 같은 공간 안에 낯선 무언가에 매혹됐다고 해야 하나. 마냥 궁금하고 흥미로웠다.

지친 허리를 펴고 누워서 쉴 수도 있는 시간이었지만 잠도 자지 않고 그분들의 일을 도왔다. 힘든 상하차를 마치고 이것저것 물어보며 무슨 일인지도 모르면서 돕겠다고 무모하게 나섰던 거였다.

"너 호구냐?"
"너한테 떨어지는 게 뭐 있다고 그렇게까지 하는지 참…"

그때부터였던 것 같다. 내가 택배 상하차하시는 선배님들에게 많이 듣던 말, '호구'. 난 상관없었다.

잘 보이고 인정받기 위해
'착한 놈 코스프레'를 한 것이 아니라
이것저것 경험해보고 싶었던 호기심의 실천이었다.
그러니 '호구'로 보여도, '호구'로 불려도 상관없었다.

삶은 경험이다.

내 주위에서 일어나는 모든 것들을 나의 성장과 경험으로 받아들여라. 사소한 일도 없고 그렇다고 대단한 일도 없을 것이다. 하지만 사소한 거라도, 대단하지 않은 거라도 경험은 피가 되고 살이 되어 나만의 스토리가 될 테니까. 오지랖 넓은 호구는 몇 년 뒤 엄청난 성장을 할 거라는 확신을 가져야 한다.

직장 생활을 하다 보면 흔히 말하는 '잉여인력'이 상당히 많을 것이다. 그 사람들을 비난하고 불평, 불만을 품기보다 그들이 툭툭 던져주는 기회를 잡아보자. 그들이 하지 않은, 하기 싫은 일들을 하나씩 대신해주다 보면 어느 순간 안 보였던 것이 보이고, 느끼지 못했던 것들이 경험으로 쌓일 것이다.

물론 '호구'라는 말을 듣게 될 수도 있다. 뭐 어떠냐. 그렇게 꾸준히 하다 보면 일 잘한다는 이야기를 반드시 듣게 될 텐데, 더 나아가 남들보다 빠르게 일을 배우고 습득한 에이스라 불릴 텐데.

여기서 중요한 것은 이유를 찾지 말고 꾸준히 해보라는 거다. 이유를 찾지 말라는 것은 무언가 바라는 마음이 생긴다면 꾸준히 하기가 어려워질 것이기 때문이다. 받기 위해서가 아니라 주기 위해서 살아보자. 그러다 보면 많은 것을 경험하고 느낄 것이다.

생각으로 판단하지 말고
행동으로 옮겨서 부딪혀 보면
반드시 경험치가 쌓이게 된다.

말은 누가 못하고 생각은 누가 못하겠나.
직접 경험하는 것만큼 확실한 학습은 없다고 본다.

가난해? 맞아!
부모님이 좀 이상해? 알아!

"363일은 술에 취해 있었어."
"누가?"
"아버지."

누군가는 어떻게 365일 중에 363일을 술에 취해 있을 수 있냐 농담도 적당히 하라며 웃어버리곤 한다. 하지만 진짜다. 내 아버지는 그런 분이셨다.

깜깜한 밤이 되면 아버지를 찾으러 어머니와 함께 동네를 돌아다녀야 했다. 식당에 쓰러져 계시거나 길거리에서 누워계실 술 취한 아버지의 모습과 대면하기 위해 매일 밤거리를 헤매야 했다.

그런 아버지를 찾는다 해도 하루 종일 공장에서 힘겹게 일하셨을 어머니와 어린 내가 할 수 있는 건 하나도 없었다.

동네 아저씨들이 업어서 겨우 집에 데려다줘야만 잠을 잘 수 있었던 하루하루.

술에 빠져 사는 가장, 매일 외상값 갚으러 다니시는 엄마, 그리고 안쓰러운 아이.

작은 동네였지만 동네에서 제일 유명했던 우리 가족. 이게 내 어릴 적 모습이다.

지금에 와서 생각해 보면 아버지와 열 마디도 말을 안 했던 것 같다. 그 열 마디도 긴 문장으로 대화해본 기억이 없다. 아침에 일어나면 주무시고 계시는 아버지를 보며 학교에 가야 했고, 술이 깨어 계실 땐 워낙 말씀이 없으셔서 인사 정도만 했던 것 같다.

그래서 아버지의 목소리가 잘 기억나지 않는다.

하긴, 오토바이 사고가 나서 몇 주 병원에 입원해 있었어도 내가 집에 있는지 없는지도 모르셨으니, 추억거리 하나가 아니라 대화한 기억조차 없다는 게 안타까울 뿐이다.

더 안타까운 건 같은 공장에 다니시는 부모님이셨지만 매일 아침 나를 깨워 작은 보자기 하나 손에 쥐여주시곤 동네 어딘가에 맡기고 말없이 혼자 일터로 나가시는 어머니의 뒷모습. 그 뒷모습이 너무나 안쓰러워 보였다는 거다.

어머니는 항상 밥통 가득 밥을 하셨다. 그래서 그 밥을 일주일이고 열흘이고 먹었다. 밥통을 열면 뚜껑에 누룽지처럼 무언가가 껴있고, 밥은 항상 누랬다.

뭔가 이상한 냄새가 났지만 원래 밥 냄새가 그런 줄 알았다. 원래 밥 색깔이 누런 줄 알았다.

친구네 집에서 밥을 먹고 나서야 알게 됐다. 밥은 원래 누렇지 않고 이상한 냄새가 아닌 고소한 냄새가 난다는 것을, 그제야 알게 됐다.

나는
아직도
그 밥맛을
잊을 수가 없다.

나도 다른 친구들처럼 평범한 부모님과 형제가 있었으면 좋겠다는 생각을 안 해본 건 아니다. 그렇다고 딱히 불만을 품어보지 않았다. 환경을 탓하지도 않았다.

부모님 몰래 중국집 아르바이트를 시작한 중학교 2학년 때도 집에 돈이 없는데 뭘 해달라고 하면 뭐 하나 사주지도, 들어주지도 못하는데 내가 돈 벌어야지, 그게 맞지…

인정하기로 했다. 아니, 인정하는 게 편하다고 생각했을 수도 있다.

가난해? 맞아!

부모님이 좀 이상해? 알아!

근데 뭐 어쩌라고!

인정해라.

왜 나만 가난할까, 왜 나만 고달플까를 생각하기보다는 나의 환경을, 나의 부족함을, 나의 힘듦을 인정하기 시작하면 그때부터 작은 변화가 일어날 것이다.

나의 환경과 부족함을 인정하는 순간, 아무것도 아닌 게 될 것이다. 태어나는 건 내 마음대로 할 수 없더라도 이제부터의 삶은 내가 원하는 대로 할 수 있지 않은가.

이 작은 변화가 가져다줄 놀라운 결말을 상상하며 오늘부터 나를 인정하고 살아보자.

어렵고 힘들다고
불만을 가져서 뭐합니까.

쿨하게 인정하던가
쿨한 척이라도 하던가.

인생은 독고다이가 아니다

"혼자 사는 게 아니니까 도와달라고 해."

낡은 대문, 엉덩이만 겨우 걸터앉을 수 있는 좁은 마루, 공동 화장실…

마루 옆으로 나무로 만든 문이 여섯 개 있었고, 그 중 하나가 우리 세 식구가 살던 집이었다. 엄마는 문을 열면 있는 작은 공간에서 부르스타로 밥을 하셨다. 주방이라고 부르기도 민망한 그곳을 지나면 우리 세 식구가 잠을 자는 단칸방이 있던 작은 공간.

그때는 어려서 그랬는지 우리 가족이 지낼 수 있는 곳이 있다는 것만으로도 나쁘지 않았다.

11살 즈음에는 드디어 내 방이 있는 집으로 이사를 가게 되었다.

주방이 작아서 내 방에 냉장고를 둬야 했지만 뭐 어떠랴. 내 방이 생겼는데, 무작정 좋았다.

총 다섯 가구가 사는 다가구 주택. 바로 앞집에 '길호삼촌'이라는 분이 사셨다. '앞집 아저씨'라고 불러도 됐을 텐데, 나는 그분을 "삼촌, 삼촌~"라고 부르며 잘 따랐다.

친척이 별로 없는 나에게 이런 분이 진짜 삼촌이면 너무 좋았을 것 같다. 내 인생에 있어 참으로 고마운 첫 번째 어른이셨으니까.

길호삼촌은 엄마에게 부업거리도 알아봐 주시고 그러셨다.

강력본드를 사용해 무언가를 붙이는 부업이었는데, 어머니와 나는 익숙지 않아서인지 맨날 손가락에 본드를 묻히고 그러다 이상한 것이 붙고 그거 떼다가 살갗이 벗겨지고.

집도 좁은데 맨날 독한 본드 냄새가 방 안 가득 채워졌지만 아무튼 작은 거라도 어머니에게 도움을 주려 애쓰셨다.

그뿐인가.

길호삼촌 덕분에 기초생활수급 지원도 알게 돼서 적은 금액이지만 나라 지원도 받게 됐다. 갑작스럽게 아버지가 돌아가셨을 때도, 몸 아픈 어머니를 홀로 두고 군대에 가야 했을 때도, 내가 생각지도 못한 것들을 알려주고 당신 스스로 일일이 물어가며 도움받을 수 있도록 우리를 도와주셨다.

단지 몇 년 동안 이웃사촌이었다는 이유로 친척도 못 해주는 많은 것들을 우리 가족 옆에서 묵묵히 해주신 길호삼촌. 참으로 고맙고 감사하다.

어린 시절에 있어 감사한 분이 누구였냐고 물어본다면 제일 먼저 길호삼촌을 말할 거다.

이렇게 고맙고 감사한 길호삼촌이지만 그래도 뭐니 뭐니 해도 길호삼촌하면 떠오르는 이미지는 바로 돈가스다.

큼직한 고기를 탕탕탕!! 부엌이 떠나가듯 울려 퍼지는 고기 다듬는 소리, 그 이후엔 지글지글 고기가 기름 속에서 튀겨지는 소리, 생각만 해도 침이 넘어간다.

돈가스가 뭔지도 몰랐던 나는, 고소한 냄새에 이끌려 길호삼촌이 내어주신 음식에 홀딱 반해버렸었다. 지금은 흔하게 먹을 수 있는 음식이 됐지만 그 당시 시골에서, 묵은 밥과 라면만 먹던 나에게 돈가스는 너무나 특별하고 환상적인 인상을 남긴 놈이다.

뜬금없이 길호삼촌과 돈가스 얘기를 꺼내는 건 나의 가난한 어릴 적 상황을 보여주기 위함이 아니다.

난 남들한테 "독고다이로 살았다."라는 말을 진짜 많이 했었다. 인생은 그런 줄 알았으니까. 어릴 적부터 혼자 알아서 헤쳐나가고 결정하고 그래서 돈도 벌었으니까.

커보니 아닌 것 같다. 인생은 결코 독고다이로 살 수 없다는 걸 깨달았다. 돌이켜 생각해 보면 상황마다 도움 주는 사람들이 계속 있었고, 그분들 덕분에 지금의 내가 있을 수 있었다.

물류센터를 지을 때도 처음이라 아무것도 모르는 나를 위해 진짜 친아버지처럼 하나부터 열까지 챙겨가면서 도와주신 분이 계셨다. 참으로 감사하고 고마울 따름이다. 그러면서 또 생각했다. 인생은 독고다이가 아니라는 것을.

누군가 "와~ 대단하다. 어떻게 물류센터를 지었어?"라고 감탄할 때, 만약 내가 많은 분들의 도움을 알지 못 했다면 "그냥, 힘들지만 어떻게든 했어."라고 말하며 내가 잘난 거라고 생각했

을 것이다. 도움을 받았으면 그분한테 돌려주지는 못해도 다른 사람한테 해줄 수 있다고 생각한다. 1년, 2년, 혹은 당장이라도 주변인들에게 도움이 된다면 나도 그분들처럼 당연히 도와줄 거다.

받은 경험이 있으니까 할 수 있는 거다. 또한, 내가 도와본 경험이 있으니까 받을 줄도 알고, 감사함을 잊지 않는 거다. 그것이 중요하다.

세상은 혼자가 아니다.
도와달라 해라.
그리고 당신도 누군가를 도와줘라.

그래야 세상이 살맛 나지 않겠는가.

난 아무래도 어머니가 가르쳐주신 거 같다. 난 아무래도 길호삼촌이 알려주신 거 같다. 이곳에 모두 적을 수는 없지만 많은 분들께서 나의 어리석음을 깨우쳐주신 거 같다. 감사하고 또 감사하다.

세상은 혼자가 아니다.
도와달라 해라.

그리고
당신도 누군가를 도와줘라.

취해있지 마라

"장그래, 취해있지 마라."
"네…"
"그래…"

본사를 그만두고 사업이 어느 정도 안정적으로 흘러가고 있을 때, 본사 직원들에게 전화가 왔다. 그들도 나처럼 회사 그만두고, 사업하고 싶다고 말한다.

물론 사업이 성장하고 있다는 소식을 듣고 축하한다는 말을 하고 싶었던 걸 거다. 그간의 노력이 머릿속을 스쳐 지나갔다.

난 반대로 물었다.

"내가 회사 다닐 때처럼 일할 자신 있어?"
"아니."
"나만큼 일할 자신도 없으면서 왜 나오려고 해? 계속 다녀."
"…"

치열하게 일하는 습관이 몸에 배어있지 않은데 사업을 시작한다고 잘될 거 같은가. 세상은 그렇게 호락호락하지 않다. 그것을 말해주고 싶었다.

출근하기 싫다, 일하기 싫다, 저 인간이 날 너무 괴롭힌다… 친구나 지인과 대화하다 보면 가끔 듣는 하소연이다. 맞다. 나도 물류바닥에서 몸으로 부딪치고 일 배울 때는 그런 생각을 했었는지 모르겠다.

하지만 난 경제적 자유를 원하고 갈망했다. 청소년 때부터 돈을 벌어야 했던 나였기에 돈을 많이 벌겠다가 아니라 한번 사는 인생, 미쳐버릴 만큼 좋아하고 재미있어 하는 것을 하면서 살아가고 싶었다.

그런 인생이라면 적든 많든 돈은 벌고 있을 거고, 재미있는 경험이 쌓이다 보면 다른 것도 도전하고 또 그럼 즐겁게 경험해볼 거고.

물론 그 과정이 힘들지 않다거나 마음만 바꾸면 뭐든지 할 수 있지 않냐는 식의 뻔한 얘기를 하고 싶지 않다.

누구도 강요하지 않는다. 결국 자신이 원하는 경제적 자유(항간에는 천억을 가져야 경제적 자유를 얻는다고 하는데, 내가 말하는 경제적 자유는 돈 때문에 하고 싶은 것, 먹고 싶은 것을 망설이지 않아도 되는 정도랄까)를 얻기 위해 일하고 돈을 버는 것이 아닌가.

편하게, 쉽게, 적게 일하면서 많은 돈을 벌 수 있는 방법을 찾았다면 나도 가르쳐 주기 바란다. 나 역시 그렇게 돈 벌고 싶다.

돈은 거짓말을 하지 않는다고 했다. 직업에는 귀천이 없다고도 했다. 책을 내려놓고 천천히 깊게 생각해 보기를 바란다. 틀린 말은 아니다.

한번 사는 인생, 미쳐버릴 만큼 좋아하고 재미있어 하는 것을 하면서 살아가기 위해 돈을 벌어라. 뭘 그렇게 열심히 사냐, 뭘 얻자고 그렇게까지 일하냐, 이런 온갖 부정적인 이야기를 듣게 된다면 그때 환호해라.

그런 이야기를 들을수록 정말 잘 하고 있는 것이니 노래를 흥얼거리며 더 미쳐서 꾸준히 해보고 배워라. 한 달, 두 달이 지나고 1년, 2년이 지나고 3년, 5년이 지난 뒤 그렇게 이야기한 사람들과 당신의 위치가 달라져 있다는 것을 나는 확신한다.

편하게, 쉽게, 적게 일하면서
많은 돈을 벌 수 있다면
나도 꼭 가르쳐 주기 바란다.
나 역시 그렇게 돈 벌고 싶다.

정신 맑게 하고 있어요.
취기가 있어선 기회가 와도 아무것도 못 해요.

일이 잘될 때도 취해있는 게 위험하지만
일이 잘 안 풀릴 때도 취해있는 건 위험해요.

애는 쓰는데 자연스럽고
열정적인데 무리가 없어요.
어린 친구가 취해있지 않더라구요.

순간 드라마 '미생'의 오차장님 대사가 생각난다. 일이 잘 된다고 취해있지는 않은가. 일이 안 풀린다고 감정에 취해있지는 않은가.

취해있으면 주위 환경을 이성적으로 파악하는 능력이 순간적으로 떨어지기 때문에 금방 지나가 버리는 '좋은 기회'들을 놓쳐 버릴 수 있다. 그렇기에 스스로에게 말한다. 취해있지 마라. 자만하지 마라.

남과 비교하지 말고
어제의 자신과 비교해야 한다.

비록 한걸음일지라도 나아갔다면
그걸로
괜찮은 거다.

절대 취해있지 마라.

2,000원이 뭐라고

"너 할 수 있겠어?"

"네!"

"그럼 해봐."

2006년 여름, 고등학교 2학년이었을 때다. 엄마로부터 다급한 전화가 왔다. 아버지가 돌아가셨다고 말씀하셨다.

병원 영안실에서 만난 아버지는 차가웠다.

사인은 심장마비. 아버지 나이 53세였다. 2년 뒤에는 어머니도

뇌경색으로 쓰러지셨고, 후유증으로 인해 경제 활동을 하시지 못하셨다.

그때부터 내가 가장이었다. 아니 아르바이트를 하던 중학생 때부터 우리 집 가장은 나라고 생각한 것 같다.

중학교는 버스를 타고 30분 거리에 있는 의정부로 학교를 다녔는데, 당시 나에게 의정부는 아주 큰 도시였고, 어리지만 나도 할 수 있는 일이 있을 거라 생각했다.

중국집에서 6개월 정도 일하고 치킨집 아르바이트를 시작했다.

대표님 부부는 친절하고 좋은 분 같았다. 하루는 주인 아주머니께서 "닭 한번 튀겨 볼래?"라고 물어보셨다. 주방을 힐끔힐끔 보던 호기심 많은 나의 눈빛을 읽어주신 거다.

신이 난 나는 처음으로 닭을 튀겨보았다. 그 이후엔 이것저것 맡겨주셨다.

주문이 들어오면 닭 손질부터 튀기는 방법, 영업이 끝나면 기름 교체하는 것도 해보라 하셨다.

뭐든 해보면 나에게 도움이 될 거라 생각했다. 사람 일은 모르지 않는가. 내가 훗날 치킨집을 운영할지.

모든 사회 경험은
아르바이트를 시작으로
똑같이 출발한다.
시기는 모두 다르겠지만 말이다.
시기는 중요하지 않다.

처음 시작한 다음 어떻게 갈 것인지는
자신에게 달렸기 때문이다.
그렇기 때문에 언제 어디서 어떻게
출발했는지는 중요하지 않다.

아르바이트는 항상 친구들과 같이 시작했는데 친구들은 1~2주를 버티지 못했다. 하지만 나는 수개월을 포기하지 않고 일을 했다. 힘든 것도 몰랐고 일을 하면서 돈을 버는 것이 좋고 신기했기 때문이다. 이때부터 내가 친구들과 조금 다르다는 생각이 들기 시작했다.

아르바이트를 시작하면서부터
부모님에게 용돈을
한 번도 받은 적이 없다.

그런데도 부모님은 내가
어떻게 준비물을 사고
버스비를 내는지
궁금해하지 않으셨다.

고등학교 3학년, 우연히 집 근처 물류센터에서 택배 상하차 직원을 구한다는 소식을 들었다. 시급은 내가 했던 모든 아르바이트를 통틀어 가장 높았다. 같은 시간을 일하는데도 2,000원이나 높다는 것이 내 마음을 흔들어 놓았다.

2교대 근무였는데, 집에 갔다 오는 시간이 아까워 나는 창고에서 쪽잠을 잤다. 일어나면 학교에 갔다 와서 다시 일을 했고, 일터가 곧 집이었던 시절.

몸집은 작아도 깡은 있었다.

그래도 잘 버텨냈다.

고생도 괴로움도 없는 인생이
진정 행복한 인생일까.

고생과 괴로움을 버텨내면서

회복하는 힘이 생기고

그러면서 행복이라는 감정을

느낄 수 있는 것은 아닐까.

사소한 경험이든 대단한 경험이든 삶에서 얻는 모든 경험은 당신의 인생에 있어서 좋은 데이터가 되고 기준이 될 것이다. 그러니 비록 '호구'라는 말을 들을지라도 이유를 찾지 말고 꾸준히 경험치를 쌓아보자. 분명 당신은 누구보다 빨리 '기회'라는 놈을 내 것으로 만들 수 있게 될 것이기 때문이다.

신은 내가 견딜 수 있을 만큼만 시련을 준다고 했다. 고난은 내가 감내할 수 있을 만큼의 힘을 나에게 준다고 했다. 왜 나만 가난하고 힘들까를 곱씹는 대신 담담하게 바라보고 인정하자. 그래야 다음 스텝을 밟아나갈 수 있다. 자신의 환경을 인정하는 것부터 시작해보자.

혼자 왔다가 혼자 가는 게 인생이라지만, 세상은 혼자가 아니다. 스스로 결정하고 움직이며 일을 처리했다고 생각하더라도 혼자만의 힘으로 된 것은 아니다.

내가 책을 낼 수 있었던 것도 내 글을 종이 위에 담아준 디자이너의 노력이 있었고, 인쇄업체의 도움도 있었다. 도와달라 하자. 그리고 당신도 누군가를 도와주자.

일이 잘 풀릴 때, 결코 취해있으면 안 된다. 불과 몇 분 뒤의 미래도 모르는 것이 인생이지 않은가. 그러니 찰나의 행복과 안도에 취하지 마라. 어제의 자신과 비교하고 내일의 자신과 마주해야 할 시간이기 때문이다.

배는 항구에 있을 때 가장 안전하다. 그러나 배는 항구에 머물러 있기 위해 만들어진 것이 아니다. 파도에 부딪히고 나아가야만 비로소 존재의 의미가 생기는 것이다. 우리도 고생, 괴로움 없는 인생을 살기 위해 태어난 것이 아니다. 그것을 자연스럽게 받아들이고 쓰러지지 않기 위해 회복하는 힘을 길러가면 된다.

2막

누구에게나
처음은 낯설다

싸가지 없는 독한 놈

"군대... 면제됐어요.
이제 본격적으로 일해보려 합니다."
"알겠다. 어서 와라."

군대에 다녀오면 정직원으로 채용해주신다고 했던 약속. 군대 면제되던 날, 바로 전화를 드렸다. 흔쾌히 알겠다, 약속 지키겠다고 말씀해주셨다.

길호삼촌이 군대 가기 전에 주민센터에 가서 상담을 받아보라 조언을 해주셨고, 말씀대로 편찮으신 어머니를 보살피고 생계를 책임져야 했던 내 상황을 다행히 국가는 의무이행 대신 면제를 해주었던 것이다.

타이밍이 좋았다. 당시 근무하던 센터가 커져서 2곳으로 분할할 때였는데, 새로운 자리에 반장으로 추천이 됐다.

근무를 빠진 적도 없고 지각한 적 없이 성실히 일한 나였지만, '성실근무'는 누구나 할 수 있는 거라고 생각했다. 정직원이 되는 것만으로도 행복한 나였는데, 내가 반장이라니…

남들이 1시간에 할 일을 나는 40분 만에 처리할 만큼 행동이 빨랐다. 배운 일은 빠르게 몸으로 익히기 위해 집중했다. 이런 내 모습이 좋게 보였을까. 그래도 믿어지지 않았다.

> "나이가 이렇게 어린데, 얘를 어떻게 반장으로 앉히냐, 같이 일하는 사람들이 가만히 있겠냐."
> VS
> "꾸준히 지켜본 날 믿고 시켜달라, 얘는 분명 잘할 거다."

지점장님의 반대가 심했다. 하지만 주임님 역시 거기에 맞서 지지 않으셨다. 그렇게 나는 작은 물류센터지만 스무 살에, 최연소 반장이 되었고, 인생 처음으로 계약서에 사인을 했다.

인생에 있어 누구나 세 번의 기회가 온다는 말이 있다. 현재 자신의 모습에 괴로워하는 사람들에게 힘내라는 위로의 말인지는 모르겠지만, 찾아온 기회를 붙잡아 궤도에 오르는 사람도 있을 테고, 망설이다 놓쳐 후회하는 사람도 있을 것이다. 또한, 기회인지조차도 모르는 사람도 있을 것이다.

누구도 대충 살고 싶어 하지 않는다. 다가올 기회를 잡거나 살리고 싶어 한다. 하지만 기회는 무심하다. 기회는 우리를 헤아려 주지 않는다.

행운처럼 찾아온 기회가 재앙으로 변해 나락으로 떨어지기도 하고, 불운이라고 생각했던 것이 기회로 바뀌기도 한다. 기회를 잡았다고 자랑하는 것도 어리석고, 기회가 오지 않는다고 한탄하는 일도 어리석다.

어떤 일이 일어났을 때 마음의 스승이 될지라도, 마음을 스승으로 삼으면 안 된다. 자신의 감정과 자신의 마음을 항상 다스릴 줄 알아야 눈앞의 현재를 제대로 볼 수 있고 판단할 수 있다. 내 인생의 속도가 아닌 방향을 가리켜 줄 로드맵이 제대로 보일 수 있다는 뜻이다.

계약서에 사인을 하면서 난,
'기회'라고 생각하지 않았다.

단지 내가 하는 일의 연장된 자리니까
특별한 감투라고 욕심낼 필요도 없고,
하던 대로 최선을 다하자고만 생각했다.

그런데 반발이 심했다.

가뜩이나 거친 물류현장에서 몇 달 전까지만 해도 같이 아르바이트를 했던 놈이 작업 스케줄을 짜고 관리한다고 하니, 그럴 만도 했다.

변화는 누구나 두려운 법이다.

사람들은 예측할 수 있는 환경과 결과를 선호하기 때문에 변화로 인한 불확실성이 불안감을 만들 수 있다. 또한, 익숙함이 주는 편안함을 유지하려는 경향이 있어 기존의 편견과 습관을 깨는 것을 싫어한다.

나 역시 변화는 두렵다.

정답은 없지만 반장으로서 부족함을 인정하고 새로운 모든 것들을, 낯선 환경을 배우기로 했다. 편견과 익숙함 앞에서 당당하기로 했다.

하지만 어리다는 이유로 불합리한 반발을 하는 것은 참을 수 없었다. 좋은 게 좋은 거라고 생각한다면 계속 끌려갈 것 같았다.

쉴 새 없이 돌아가는 컨베이어 레일의 전원을 모두 꺼버렸다. 1분, 1초가 귀한 이곳에서 컨베이어 레일을 멈췄다는 것은 전쟁이 난 것과도 같은 거였다.

컨베이어 레일 위로 올라가서 센터에 있는 모든 사람들을 향해 소리쳤다. 그렇게까지 내가 마음에 안 들면 직접 올라가서 말해라, 내가 실수한 거면 군말 없이 인정하겠다, 하지만 이렇게 이유 같지 않은 이유로 계속 딴지를 건다면 나도 참지 않겠다. 실수와 잘못이 있다면 앞에서 당당히 이야기해달라.

일순간 무거운 침묵만이 흘렀다.

멱살도 잡고 같이 욕도 하고, 과정이 다소 과격했다고 생각했지만 그때는 그렇게밖에 할 수 없었다. 아니 그런 방법밖에 몰랐다.

이 사건이 있은 후부터 싸가지는 없어도 틀린 말은 하지 않는다고 인정해주며 조금씩 내 말에 경청을 해주었다. 그렇게 신뢰가 쌓여갔다.

솔직히 말해 반장으로서 현명하게 대처했다고 생각하지는 않는다. 그럼 어떠랴. 이러면서 배우는 거지. 이러면서 실수를 줄이는 거지. 이러면서 진짜 어른이 되는 거지.

잘못하고 후회할 일보다 실수할까 봐 두려워, 하지 않아서 후회하는 일이 더 많지 않도록만 하자. 그거면 충분히 현명해지고 있는 거다.

현명해지는 방법은 간단하다.
실수하고 또 실수하고, 다시 또 실수하더라도
조금만 덜, 다시 조금만 덜 실수해 나가면 된다.

두려움 없이 실수하자.
실수를 통해 배우자.
배운 만큼 앞으로 나아가자.

그게 바로 현명해지는 방법임을
오늘도 잊지 말자.

누구에게나 처음은 낯설다

"좀 서투르면 어떻습니까?
오늘은 누구에게나 처음이잖아요.
처음은 모두가 낯선 겁니다."

나는 타고난 천재도 아니고 전공자도, 전문가도 아니다. 그렇다고 물류업에 대한 확고한 비전을 가지고 도전한 것도 아니다.

특별하지 않은 내가 내 이야기를 써 내려갈 수 있었던 힘은 아마도 '궁금함'이었던 것 같다. '궁금함' 덕분에 다양한 경험을 할 수 있었고, 그것을 발판삼아 앞으로 나아갈 수 있었던 것 같다.

반장이 돼서도 센터장님의 일이 궁금했고, 본사 직원들의 업무가 궁금했다. 그리고 비록 내 일이 아닐지라도 경험해보고 싶었다.

100%는 아니지만 어느 정도 업무를 파악할 수 있게 되자 그들과 대화도 늘어나고 많은 것을 배우며 알아갈 수 있었다. 몸은 힘들고 피곤할지라도 경험을 통해 '궁금함'을 풀어냈다는 짜릿함이 날 설레게 했다.

세상에서 남자든, 여자든, 나이가 어리든, 많든, 부자든, 가난하든, 누구에게나 공평하게 하루라는 시간이 주어진다. 아침을 맞이하고 잠을 자는 순간까지 24시간을 매일 선물받고 있는 것이다.

어차피 시간은 흐른다. 어떤 사람은 새벽 5시에 일어나 하루를 시작하고, 또 어떤 사람은 낮 1시에 일어나 주어진 하루를 시작할지 모른다.

잠자는 시간이 아까워 하루에 3~4시간만 자는 사람도 있을 수 있고, 10시간은 자야 좋은 컨디션으로 하루를 보낼 수 있는 사람도 있다.

무엇이 좋고 안 좋은지 정답은 없다. 하지만 주어진 시간을 '어떻게 보낼 것인가'는 매우 중요하다고 생각한다.

매 순간 최선을 다해 미친 듯이 바쁘게 살라는 말이 아니다. 인생이 주어졌으니, 허락되는 선에서 뭐든 해보라는 거다. 기왕이면 좋아하는 것을 선택해서 집중하면 좋겠지만 인생이 그렇게 좋게만 흘러가지 않기에 무심코 하루를 보내는 것보단 뭐든 해보는 것이 낫지 않을까.

작은 성취감이라도 얻기 위해 생각에만 머물지 말라는 뜻이다. 대부분의 사람들은 생각만 한다. 생각만 많다. 그게 끝이다.

책을 읽는 사람도 많다. 하지만 책을 읽고 좋은 글을 보고 배워도 행동으로 옮기지 않는다. 실천하지 않는다.

행동으로 옮기는 것. 너무나도 간단해 보이지만 가장 어렵다는 걸 잘 알고 있다. 왜? 익숙하지 않으니까. 불편하니까. 힘드니까, 나도 모르게 안 하는 거다.

이제부터 거부반응이 나온다면 대결해보자. 타인과 싸워 이기려고 하지 말고 나의 내면과 마주보고 내가 이기는지 마음이 이기는지 끝을 보는 것도 좋겠다.

그리고 그 대결에서 이겼으면 한다. 그래야 조금이라도 성취감을 느낄 수 있을 테니까. 만약 안주하려는 마음을 이겨보겠다고 결정했다면 다음은 꾸준히 실천해보자.

위대한 사람에게는 목표가 있고, 평범한 사람에게는 소망이 있다는 말을 들은 적이 있다.

난 평범한 인간인 거 같다. 사업을 하면서도 뚜렷한 목표가 없다. 하다못해 매출 목표도 없다.

목표를 정하면 어떻게든 해내는 스타일이라 나를 혹사 시키고 주변 사람들을 힘들게 할 것이 분명하기에 그렇게 하고 싶지 않다. 그래서 단기적인 무언가를 해내야겠다는 다짐이나 결정은 있어도 커다란 목표를 정해놓고 나아가지는 않는다.

하지만 소망은 있다. 언젠간 이루고 싶은 소망.

쉽게 포기하고 좌절하여 도전하지 못하는 사람들에게 꼭 만나서 이야기 해주고 싶다. 할 수 있다고, 조금만 힘내보자고, 가진 것 없고 '호구'라고 불렸던 나도 했는데 당신은 왜 못하냐고. 그 만남을 위해 오늘도 열심히 살아가고 있는지도 모르겠다.

사람은 생각하기 나름이다. 혼자가 어려우면 도와달라고 용기 내서 말해보자. 함께 해주고 싶다. 우리 모두의 성장을 위해.

행동으로 옮긴 당신에게 박수를 보낸다.
꾸준함을 배워 온 당신에게 감탄을 보낸다.

내가 흔들릴 때면,
머뭇거릴 때면,
도와주었으면 좋겠다.

당신처럼 행동하고
꾸준하게 나아가고 싶기 때문이다.

처음으로 욕심을 가져봤다

"욕심 좀 가져보면 안 됩니까?"

반장 된 지 1년 만에 센터장이 된 나는 본격적으로 현장과 본사를 이어주는 소통 창구가 되었다.

다행히 반장 때와는 달리, '쟤는 센터장 해도 돼.'라는 분위기였던 것 같다. 큰 마찰은 없었다.

어느 곳이든 '누가 뭐 한다.'했을 때, 부정적인 시각으로 바라보는 사람은 항상 있다. 그건 그 사람의 성향이니까 존중하는 편이다. 하지만 돌아서서 난 속으로 다짐한다. 내가 보여줄게 라고.

요즘 푹 빠져 살고 있는 '달리기'로 예를 들어보자면, "오늘은 잘 뛰네."라는 말을 들으면 즐기면서 달린다. 누가 "오늘은 컨디션이 안 좋은 가봐."하면 즐기면서 더 열심히 달린다. 내가 보여주겠어 하면서.

난 지는 게 싫다. 나와의 대결에서 지는 게 싫다.

다른 사람과의 대결은 서로 실력을 모르니까 질 수 있다고 생각한다. 하지만 이 세상에서 제일 잘 아는 내가 나와의 대결에서 진다는 건 용납이 안 된다.

승부욕이 강하면 크게 부러질 수 있다고 하지만 남들하고의 경쟁에는 솔직히 관심이 없다. 단지 내 자신을 이기고 싶은 똘끼 있는 승부욕이라 괜찮다고 생각한다.

그렇게 처음은 낯설어도 본사에서 가고자 하는 방향으로 센터를 만들고, 구성원이 만족하는 일터가 되기 위해 노력하며 나와의 대결에서도 조금씩 승기를 가져오고 있었다.

몇 년이 지나고 □□통운과 OO가 합병을 하게 되었다. 그때도 타이밍이 좋았던 것이 합병으로 인해 인력이 많이 필요했고, 특히나 경력자가 절대적으로 필요했다.

이 일을 하면서 본사로 들어간다고? 그것도 대기업에?

공채가 아닌 현장에서 근무하던 나와 한 분이 OO본사에 추천이 됐다. 손에 꼽을 정도로 흔치 않은 케이스였지만 난 느낌이 좋았다.

센터를 관리하는 본사 사람들을 보면 나한테는 '갑'이었고, 선망의 대상이었다. 누구나 그렇지 않겠나. 학벌 좋은 친구들도 들어가고 싶어하는 OO인데.

난 대졸도 아니고 경력도 오래된 것도 아니지만 그냥 느낌이 좋았다.

자기소개서에 현장에서 불렸던 '어린 독사'라는 말을 적었다. 날 한마디로 표현하는 단어가 그것밖에 없었기 때문이다. 그게

임팩트가 있었는지, 나보다 경력이 많던 그분이 아닌, 내가 선택되었고, 그렇게 OO본사에서의 생활이 시작됐다.

지금도 다시 OO본사로 들어가서 일하라고 한다면 정말 재미있게 다닐 것 같다.

진짜 재미있었다. 하나하나 새롭게 배우고 알아가는 것이, 좋아하는 사람이 생겨 썸타는 기분이랄까.

서로의 이름부터 생일이나 성격, 식성, 취미, 좋아하는 것과 싫어하는 것, 서로를 알아가는 과정이 그렇게 재미있을 수가 없고 설렐 수가 없었다. 참으로 이상하리만큼 그때 내 감정이 그랬다.

무시도 많이 받았다. 대놓고 말하지는 않아도 넌지시 건네는 말투나 눈빛에서 고졸에 현장 출신인 니가 뭘 하겠어 하는 그런 느낌.

하지만 좋았다. 아니 즐겼다. 내가 멋지게 해내고 처리하는 거 당신들도 보게 될 거라고, 인정하게 될 거라고, 이미지 트레이닝

하며 묵묵히 배워나갔다.

여기서 살아남거나 아님 떨어져 나가거나, 모두 나에게 달렸다. 날 믿었다.

내가 들어간 회사에 대표까지 5명이 있다고 가정해 보자. 그럼 각자의 맡은 역할이 있을 것이다. 나는 신입사원, 혹은 아르바이트생이니 1이라 치고 2, 3, 4, 5(대표)까지 각자의 맡은 역할이 있을 것이다. 입사하자마자 5가 되고 싶은데 어떻게 하면 될까?라고 생각한다면 너무 멀게 느껴져서 오히려 의욕이 생기지 않을 수 있다. 이게 현실이다.

5가 되기 위해 목표를 잡아야 하는 거 아닌가? 말은 쉽다. 높은 목표를 갖고 사는 것은 중요하지만 높은 목표가 꼭 좋은 것만은 아니라고 생각한다.

작게라도 성취감을 느끼며 잘하고 있고, 해낼 수 있다는 용기와 자신감을 지속적으로 맛볼 필요가 있다. 이것이 더 중요하다.

그러기 위해선 바로 앞에 있는 사람에게 집중하자. 다시 말하면 내 현실이 1이면 2가 되기 위해 노력하는 거다. 모르면 모른다고 솔직하게 이야기하고 배워가면 된다. 2는 3이 되려고, 3은 4가 되려고, 4는 5가 되려고 노력하는 거다.

1부터 3까지의 경험을 통해 점프하여 창업을 할 수도 있다. 이제 시작한 1이 3, 4, 5를 바라보며 빨리 가지 못한다는 걱정과 허탈감에 빠지지 않길 바란다.

높은 곳에 올라가려면 가장 낮은 곳부터 시작하라는 말이 있지 않은가. 오늘부터 하는 거다. 한 걸음부터 떼는 거다.

나는 본사에서의 시작을 그렇게 결론 내리고 한 걸음씩 나아갔다. 비록 뒤에서 말하는 이들이 있었지만 결코 모든 사람들에게 인정받고 싶지는 않았다. 그건 허망한 욕심이란 걸 잘 알고 있었으니까.

모든 사람들에게
인정 받을 필요는 없다.

그건 허망한 욕심이고
우리가 경계해야 할 자만심이다.

본사에서는 대리점 운영을 어떤 방향으로 가야 하는지, 실적이 어떻게 하면 잘 나올지 결정하고 관리한다. 다시 말하면 내가 관리하는 대리점 실적이 나의 실적이 되는 거고, 내가 속한 지점의 실적이 되는 거다.

가끔은 미친 놈이다, 돌아이다, 이런 소릴 들어도 실적이 좋지 않은 대리점은 직접 찾아가 알려주기도 하고, 늦은 시간이지만 현장이 끝나지 않았으면 내려가 함께 일을 도왔다.

힘들게 일하는 걸 누구보다 잘 알기에 그냥 내버려두고 나만 퇴근할 수 없었다. 밤에 문제가 생기면 어떡하려고 본사 놈들은 시간만 되면 퇴근하냐고 불평하는 말들도 있었지만 내가 맡은 대리점에서는 그런 잡음은 들리지 않았다. 항상 같이 퇴근하고 늦은 시간 문제가 생겨도 바로 처리해주니 대리점 실적은 점점 좋아졌다.

그렇게 연말평가 시기가 되어 우리 지점의 실적이 좋아 나도, 내 상사도 좋은 평가를 받았다. 그때부터 나를 향해 수군대는 소리가 점점 줄어들기 시작했다.

통합 첫해는 전체적으로 실적이 좋지 않아서 똑같이 평가를 해 인센티브를 받지 못했지만, 두 번째 해에는 고과평가 3개 항목에서 모두 S등급을 받으며 3S를 받았다.

제일 늦게 퇴근한 지난 생활에 대한 보상을 받는 느낌이었다.

이곳을 평생 다녀도 못 받는 평가가 3S인데, 현장에서 넘어온 2년 차 놈이 받으니까 본사에서도 난리가 났다.

그래서였을까. 내심 욕심이 났다. 아니, 욕심을 냈다.

나도 이제 승진도 하고, 빚도 갚으면서 대학 나온 당신들과 진짜 동료가 될 수 있다고 말이다.

불리한 게임

"도대체 '기회 자격증'은 어디서 따야 합니까?"

불리한 게임.

세상 거의 모든 게임은 많이 가진 사람이 절대적으로 유리하다. 축구나 농구, 야구 같은 스포츠에서도 사람 수가 많은 쪽이 단연 유리하다.

불리한 게임이었다. 경력직으로 들어갔음에도 불구하고 고졸 신입사원 호봉으로 시작된다는 걸 입사하고 나서야 알았다.

물론 이건 불합리하다고 인사팀에 얘기를 했지만 별도리가 없었다. 그래서 더 열심히 했던 것도 있다.

불리하게 게임이 시작됐어도 한순간도 나 자신을 의심하지 않았고, 내가 믿은 만큼 단호히 행동했다. 서두르지 말고 그러나 쉬지 않고 나에게 주어진 일들을 내 것으로 흡수했다.

본사에서의 업무를 하나씩 배워가는 것은 좋았지만 현장에서 받았던 수당이 없어서 월급이 반이나 줄었다. 아내와 아이 둘, 몸이 편찮으신 어머니, 처가 식구들까지, 가장이었으니까 생계를 책임져야 했고, 그래서 선택한 것은 늦은 밤부터 새벽까지 하는 포장 아르바이트였다. 투잡을 해서라도 계속 회사를 다니고 싶었기 때문이다.

그렇게 시간은 흘러 좋은 실적과 인센티브, 동료들의 신뢰, 3S까지 받고 나니 승진 얘기가 나왔다. 나 역시 기대했던 것도 사실이다. 하지만 승진은 안 된다는 결정을 받았다.

"왜요, 제가 뭐가 부족한가요?

뭘 보고 승진해주냐, 이제 고작 입사 2년 차에, 고과평가 한번 잘 받았다고 모두가 승진하는 거 아니다."

지점장님, 사업팀 모두가 나를 위해 노력해 줬다. 하지만 지주사 인사팀은 냉정했다.

거기서 충격을 받았다. 여기는 '기회'에도 자격이 있는 곳이구나, 내가 아무리 날고 기어도 조금은 빠를 수 있지만 한계라는 놈이 버티고 있는 곳이구나.

세상은 내 생각대로 흘러가지 않았다.

만만하지 않았다.

그 어떤 것도 한 번에 이루어지지 않았다.

입사 2년 만에 수천만 원의 빚이 생겼다. 더 이상 버틸 여력도, 마음의 여유도 없었다. 그렇게 꿈만 같았던 회사 생활의 마침표를 찍기로 결정했다.

누구든 마지막을 장식할 때
해피엔딩을 원하지만
현실은 늘 그렇지 않다.

미련도 버리고, 감정도 버리고
그렇게 빈손으로 끝나야
새롭게 시작할 수 있다.

10 < 4
10보다 4가 더 큰 이유

"차량 10대와 4대를 바꾸시죠."

그렇게 부푼 꿈을 안고 들어갔던 회사를 퇴사하고 예전에 도움을 드렸던 대표님과 동업 아닌 동업도 해봤다. 세상을 바라보는 시각도 변하고 사람과의 관계도, 사업 마인드도 배웠다.

하지만 당장 돈도 없고, 빚도 갚아야 하니까 다시 처음부터 시작한 나에게 아르바이트 시절부터 가깝게 지내던 대표님께서 택배 한 차 물량의 일을 주셨다. 생각해 보면 난 참으로 인복이 있는 거 같다.

사업자등록을 위해서는 회사 이름이 필요했고, 주위를 둘러보다 '신성벽산'이라는 글자가 눈에 들어왔다. '신성'이라는 단어가 마음에 들었다. 큰 의미는 없었다. 몇 년 지나고 나서야 '신성'이 가지고 있는 의미가 굉장히 많다는 것을 알게 될 만큼 나에게 회사 이름은 중요하지 않았다.

그때는 빨리 일을 시작하고 싶은 마음뿐이었으니까.

그런데 3일 해보고 생각이 바뀌었다. 본사 다닐 때 생각했던 방향은 이게 아닌데, 뭔가 큰 망치로 머리를 한 대 맞은 듯 멍했다.

대리점을 차려놓고 생계를 위해서 배송만 하시는 대표님들의 모습이 떠올랐다. 배송만 하면 당장은 돈을 벌 수 있지만 생각한 것처럼 성장 할 수가 없다. 그런데 나도 그렇게 하고 있다는 것을 알게 되면서 잘못됐다는 것을 깨달았던 거다.

눈앞에 보이는 돈만 벌자고 시작한 게 아닌데, 이러자고 '신성'

이란 이름으로 사업을 시작한 게 아닌데, 그래서 바로 친구에게 배송 일을 맡겨놓고 영업을 다니기 시작했다.

처음에는 배송으로 들어오는 매출은 고스란히 월급으로 나갔기 때문에 수입 10원도 없이 몇 달 동안 미친 듯이 영업에만 몰두했다. 문전박대도 많이 당했고, 소득 없이 몇 주가 흐른 적도 있었다.

길이 보이지 않았다.

사람이 살다 보면 길이 안 보일 때가 있는데, 그럴 때 당황하기도 하겠지만 기다려야 된다고 했다. 눈 속에 파묻혔을 뿐이지 그 길은 없어지지 않았고, 어둠에 가려졌을 뿐이지 길이 사라진 것은 아니라 했다.

움츠러들지 말고 기다려야 한다.

눈 속에 파묻혔을 뿐
길이 없어진 건 아니다.

조금씩 작은 거래처가 생기며 천천히 궤도에 오르면서 새로운 제안이 들어왔다. 이 제안은 사업이 성장할 수 있는 터닝포인트가 됐던 재밌는 사건이었다.

◇◇택배는 사람 구하기도 힘들고 해서 대리점을 운영하다가 중간에 포기하는 곳이 가끔 있는데, 그런 곳이 나왔으니 한번 운영해보는 것이 어떻겠냐는 제안이었다.

사업을 키워야겠다는 생각도 있었고, 처음에 일을 주셨던 대표님이 나서서 도와주셨기 때문에 큰 어려움 없이 10대의 차량을 운영하는 ◇◇택배 대리점을 인수하게 되었다.

하지만 막상 인수하고 보니 난처한 일이 생겼다.

◇◇택배 시스템이 내가 일했던 방식과 너무나 달랐던 것이다. 같은 업종인데 전혀 다른 시스템으로 일하고 있다는 것을 미리 파악하지 못한 내 잘못이 컸다. 물론 내 몸과 머리는 이미 OO 시스템에 적응된 상태여서 익숙하지 않았던 것도 사실이다.

하지만 현장을 보면 알 수 있다. 아직도 많은 사람이 투입되어야 돌아가는 운영 구조.

실제 배송하는 건 사람이 해야 하지만 OO 시스템은 어느 정도 자동화를 갖추어 사람 손이 그렇게 많이 필요하지 않았다. 그리고 물류 쪽에 투자하는 속도도 달랐다.

모든 일에 호기심을 갖던 나였지만 이것만큼은 아니라고 생각했다. 방법을 찾아야 했다.

같은 지역에서 ◇◇택배를 크게 운영하시면서 OO를 작게 하시는 대표님이 계셨는데, 그분을 찾아가 제안을 했다. OO는 전산화를 중심으로 운영되기 때문에 힘들어하신다는 것을 캐치했다.

"제가 가지고 있는 ◇◇택배 물량은 10대고 대표님이 가지고 계신 OO 물량은 4대인데, 대표님은 ◇◇택배 쪽을 더 잘하시지 않습니까. 그러니 저랑 맞바꾸시죠."

그 대리점 대표님은 이게 웬 떡이냐 싶었을 거다. 추가비용 없이 10대와 4대를 맞바꾸자고 하니 말이다. 비단 자동차가 아니어도 10은 4의 2.5배지 않은가. 더군다나 택배물량 10대와 4대의 매출은 누가 봐도 엄청 다르지 않겠는가.

주위에선 다들 왜 밑지는 장사를 하냐며 나를 말렸다. 하지만 나는 비효율적이고 손에 익지 않은 10개보다 내가 잘하는 4개의 물량이 더 소중했다.

사업을 할 때나 투자를 할 때, 갈림길에 설 때가 있다. 지금의 이득을 강하게 취할 것인가 아니면 당장은 손해를 보더라도 때가 무르익길 기다렸다가 더 큰 수확을 거둘 것인가.

눈앞의 이익을 너무 크게 생각하지 마라.
손해 보는 거 같아도 손해 보지 않는 것도 있다.

결정했다면 뒤도 보지 말고
자신의 선택이 옳았다는 것을 증명하자.

거기에서 희열을 맛보면
다시는 빠져나오지 못할 것이니
각오하고 뛰어들어보자.

어떤 일이 일어났을 때 마음의 스승이 되어야지 마음을 스승으로 삼으면 안 된다. 자신의 감정과 자신의 마음을 항상 다스릴 줄 알아야 눈앞의 현재를 제대로 볼 수 있기 때문이다. 판단할 수 있기 때문이다.

현명해지는 방법은 간단하다. 실수하고 또 실수하고, 다시 또 실수하더라도 조금만 덜, 다시 조금만 덜 실수해 나가면 된다. 두려움 없이 실수하자. 실수를 통해 배우자. 배운 만큼 앞으로 나아가자.

누구에게나 공평하게 하루라는 시간이 주어진다. 어차피 시간은 흐른다. 그렇기 때문에 내게 주어진 시간이라는 선물을 어떻게 사용할 것인가는 오로지 자신의 몫이다.

행동으로 옮기는 것. 간단해 보여도 가장 어렵다. 이제라도 안주하려는 나와의 대결에서 이겨보자. 조금이라도 성취를 맛보자. 그러면 달라진 당신의 모습을 반드시 만나게 될 것이다. 높은 곳에 올라가려면 가장 낮은 곳부터 시작하라는 말이 있지 않은가. 오늘부터 하는 거다. 한 걸음부터 떼는 거다.

살다 보면 끝을 알지만 시작하는 것도 많다. 그러니 끝은 봐야 한다. 그래야 미련이란 놈이 생기지 않기 때문이다.

우리는 막막한 마음에 조급해지고 기다리지 못하여 포기하는 것들도 많다. 눈을 감고 조금만 기다려보자. 심호흡하고 조금만 천천히 걸어보자.

지금

당신은

무엇을 믿고 있고

무엇에 미쳐 있으며

무엇을 생각하고 있는가.

3막

미치는 것에도
노력이 필요하다

미치는 것에도 노력이 필요하다

"미치는 게 힘들다고? 그럼 미친 척이라도 해."

뭘 해도 미쳐야 한다. 공부든 취미든, 내가 하고자 하는 것이 있다면 미쳐야 한다. 온통 그 생각으로 가득 차 있어야 한다는 뜻이다.

왜? 세상에는 보이지 않는 곳에서 엄청난 시간과 노력을 쏟는 사람들이 많기 때문이다. 시간되면 적당히 하고 피곤하면 쉬고, 이렇게 하고 싶은 대로 하면서 잘되길 바라는 것은 너무나 큰 욕심이다.

이제 많은 것을 포기할 각오가 됐다면 미쳐보자. 사실 각오까지도 필요가 없다. 내가 미쳐 있으면 자연스럽게 포기할 수 있으니까.

다행스러운 것은 내가 '물류'라는 일에 미쳐 있었다는 거다. 만약 게임에 미쳐 있었다면 게이머가 됐을 것이고, 유튜브에 관심이 있었다면 유튜버가 됐을지도 모른다.

뭐든 상관없다. 자신의 심장을 뛰게 할 그 무언가를 발견했다면 한 번쯤은 미쳐보자. 그 무언가에 궁금해하고 다음 단계로 넘어가기 위해 노력해보자. 그 노력을 통해 시작의 기회를 얻으면 되는 것이다.

당신은 지금 무엇에 미쳐 있는가.

이에 대한 대답이 바로 당신의 삶이 갈 방향일 것이다.

당신이 어떠한 일에 빠져있다면 그 일을 하게 될 테니까.

노는 것에 미쳐 있다면 그 분야에서도 분명 길이 있을 것이다. 시간을 내어 깊이 생각해 볼 필요가 있다.

깊은 호기심을 가지고 있다면 멀리 가게 될 거고, 잠시 스치는 감정이라면 잠깐 둘러보게 될 것이다. 지금 어떤 일을 하고 있는가. 더 이상 재미가 없다면 그 일에서 성취감을 느끼지 못할 가능성이 높다.

우리의 머리는 수없이 쏟아지는 정보와 영상으로 가득 차 있다. 어떨 때는 세상에 더 알고 싶은 것이 없다는 생각을 할지도 모른다. 쏟아지는 정보를 처리하기에도 이미 바쁘니 말이다.

지금의 삶에 충분히 만족하고 있다면 상관없다.

하지만 변화가 필요하다면 먼저 궁금해하라. 내가 정말 궁금해하는 것이 무엇인지 찾아라. 궁금해서 미치겠는 일, 그 궁금증이 풀릴 생각에 가슴이 뛰는 일을 찾아라. 그러면 변화는 거짓말처럼 따라올 것이다.

궁금해하고 변화하는 사이클을 따르다 보면 훨씬 재미있는 삶이 기다릴 테니 말이다. 그러면서 미치는 거다.

하지만 처음부터 "이거다."하면서 미칠 수 있는 일은 세상에 없다. 어떤 분야든, 무슨 일이든 처음에는 서툴고 잘 안 되고 계속 제자리 같고, 그래서 힘들고 재미도 없다.

그렇다고 포기할 건가.

열심히 해서 미치는 경지에 도달해야 한다고 말해주고 싶다. 다시 말하면 미치는 데에도 노력이 필요하다는 거다.

간혹 후배들이 "미쳐야 하는데 잘 안 미쳐집니다."라고 고민을 털어놓는 친구들이 있다. 그럼 나는 이렇게 말한다.

미친 척이라도 해라.

당신도 이 부분이 고민이라면 지금 당장 딱 석 달만 미치기 위해 노력을 해보라고 조언해주고 싶다. 반복해서 미친 척이라도 하다 보면 어느 순간 진짜로 미치게 될 테니까.

속는 셈 치고 한번 실행해봐라. 그리고 석 달이 지나면 무엇이 달라졌는지 저절로 알게 될 것이다.

뭘 하던 미쳐 있고 즐기고 있다면 주변에서 당신을 바라보는 시각도 달라질 것이다. 확신한다.

미쳐서 꾸준히 하다 보면 자연스럽게 실력은 상승할 거고, 그렇게 시간이 흐르면 또 한 번 평가가 달라진다. 사람들이 인정하게 된다. 저 친구는 뭘 해도 될 사람이다 라는 말이 들릴 것이다.

난 뭘 해도
될 놈이다..

자신감이라는 치트키를 갖게 되면 두려움과의 대결에서 어렵지 않게 이길 수 있고, 그렇게 하나씩 하나씩 새로운 것에 시도하고 도전하는 자신을 발견하게 될 거다.

여기서 주의할 점은 자신감과 자만심은 다르다는 것을 정확하게 알아야 한다.

내가 아무리 능력이 뛰어나다 하더라도 그 분야에서 정점을 찍은 사람들, 혹은 수십 년간 꾸준히 노력하는 사람들을 단숨에 따라잡기는 현실적으로 불가능하다.

나보다 훨씬 잘하는 사람들은 어디에 가도 존재한다는 사실을 잊지 말자. 항상 기억하자. 또한, 언제 나보다 더 잘하는 사람들이 나타날지 모르기 때문에 자만심은 내려놓고 겸손할 줄도 알아야 한다. 너무나 중요한 부분이다.

세상엔 당신보다 뛰어난 사람이 많다.

언제, 어디서
나보다 더 잘하는 사람이
나타날지 모른다.

그러니 자신감으로 위장한
자만심은 버려라.

어린 나이에 노는 것도 좋지만 일찍 사회생활을 시작하는 것도 추천한다. 왜냐하면 사회 초년생일수록 실수를 하더라도 이쁘게 봐준다. 그럴 수 있다고 넘어가 준다.

실수를 통해 배운 것은 쉽게 잊히지 않을 거고 온전히 내 것이 되며 나의 경쟁력이 될 테니, 젊은 시절에 과감한 선택도 필요하다고 본다.

인생을 살아감에 있어
성장하려면 반드시 실수를 해야 한다.

지금의 실수나 후회가 먼발치에서 바라보면
실패가 아니라 새로운 시작이 될 수 있으니까.

실수를 저지르고 그것을 고쳐나가며 사는 것이
인생이다.

죄책감 없이 잠을 청해라

"잠시 쉰다고 세상이 망하겠어?
그러니 눈치 보지 말고 쉬어."

세상에 정말 좋고 행복하기만 한 사람은 없다. 모두 자신만의 힘듦과 괴로움을 가지고 있다는 말이다. 아무런 괴로움 없이 잘 사는 것처럼 보여도 그건 그 문제를 외부로 표현하지 않고 숨기고 있는 걸 거다.

누구나 한 번은 인생의 겨울을 겪는다. 아니 그 겨울을 겪고 또 겪기를 반복할 수도 있다. 만약 당신에게 '인생의 겨울'이 찾아왔다면 절망하고 괴로워하기보단 지쳐도 된다고, 움츠리고 있으라고 삶이 건네는 하나의 신호라고 생각하면 어떨까.

식물도, 동물도, 곤충도, 겨울에는 잠시 쉬어간다. 잠을 잔다. 다가올 봄을 저마다의 방식으로 준비한다.

'인생의 겨울'은 당신에게 절망적인 상황과 시간을 어떻게 견디고 지나가야 하는지를 알려주는 거라 생각해보자. 행복이라는 감정도 마음의 기술이 필요하듯이 괴로움 역시 마음의 기술이 필요하다.

자신의 존재를 드러내지 않아 멀게만 느껴진다 해도 봄은 조용히 우리 곁으로 다가온다. 세상 모든 것을 얼어붙게 만든 추운 겨울이라도 봄이란 놈 앞에서는 녹기 마련이다.

나는 OO물류 센터의 작은 공간을 빌려 안쪽 구석에다 창고 하나를 만들었다.

택배차가 계속 왔다 갔다 해야 하기 때문에 정면이 뚫려 있고 코스트코에서 사온 천막으로 막아놓기만 한 작은 창고였지만 물류 사업의 시작점이 된 추억의 사무실이다.

사무실 바닥이 뚫려 있어 아무리 막아도 바람이 숭숭 들어왔지만 그래도 하나씩 하나씩 공간을 채워가는 재미가 있었다. 낭만이 있었다.

이곳을 밝혀줄 조명하나, 토스터기 한 대, 커피포트, 부르스타, 작은 스피커에서 흘러나오는 음악을 들으며 시작된 물류 사업.

첫해의 겨울은 날씨도, 몸도 마음도 더없이 추웠다.

벽 없는 사무실에서 차가운 겨울바람을 온몸으로 맞으며 일했다. 상하차를 하고 몸을 움직이면 견딜만 했지만 사무실에 앉아 일할 때가 정말 힘들었다. 전기난로 하나에 의지해 컴퓨터 작업을 하다 보면 나도 모르게 저절로 손이 떨렸다.

한번은 한파주의보 소식을 듣고 옷을 몇 겹 껴입은 채, 사무실에 나가 컴퓨터를 켰는데 전원이 들어오지 않았다. 알고 보니 너무 추워서 그랬던 거였다. 헛웃음이 나왔다. 날씨가 정말 추우면 컴퓨터가 안 켜질 수 있다는 걸 처음 알게 됐다.

현실은 추위보다 더 매섭게 날 압박해왔다.

가족에게는 참 미안한 시기였다. 아내와 아이들에게 비싼 건 못 해줘도 필요한 건 다 해주고 싶은 마음이었으니까. 남편이라면, 아빠라면 누구나 그런 마음이었을 테니, 미안했다.

다행인 건 아내가 내 옆에서 바른 방향으로 갈 수 있게 도움을 많이 줬다는 거다.

사실 투정 부리고 원망할 상황이지 않나. 어린 나이에 결혼해서 힘든 육아를 하고 있으면서도 투정 한번 없었다. 힘든 상황을 탓하지도 않고 우리가 어렵다는 것을 인정하며 오히려 중심을 잡아줬다. 내가 흔들리지 않게 지켜봐 줬다.

아내는 큰일이 있거나 뭔가 일이 생겼을 때 내가 알아서 잘 할 거라는 믿음을 갖고 있었던 것 같다. 해결해야 할 일과 대면했을 때 걱정하면서 이렇게 해야 하지 않을까, 이런 조언 대신 믿는다는 말을 건넸다. 그래서 실망시키고 싶지 않았고, 어떻게든 결과를 내고 싶었다.

그러니까 잠시만 마음을 비우자. 그러기 때문에 잠깐만 쉬어가자.

다가올 봄을 맞이하기 위해 식물도, 동물도, 곤충도 잠시 쉬어가는데, 내가 뭐라고. 죄책감 없이 겨울잠을 청하자. 조용히 온다고 봄이 오지 않을 리 없을 테니까.

두 번째 겨울은 그렇게 춥지 않았다.

1년간 거래처 영업을 다니면서
결실을 맺기 시작했고

한 거래처에서 400여 평의 물류창고를
함께 이용해도 된다고 허락해 주셨다.

마침 겨울이 다시 돌아오고 있었고, 사방에 벽이 있는 멀쩡한 창고였다. 그 이후로 추워서 컴퓨터가 켜지지 않는 일은 다시 경험하지 않았다.

그때부터 일이 풀리기 시작했다. 거래처는 꼬리에 꼬리를 물고 늘어났으며, 그동안의 고생이 헛것이 아님을 증명해 주는 것 같았다.

창업 후 3년이 지난 2019년부터 사용하던 창고 앞, 뒤, 옆 창고까지 모두 임대했다. 그렇게 조금씩 성장을 하다가 2020년에는 법인사업자도 만들었다. 그리고 신성만의 물류센터를 완공하고 2024년 1월, 2,000평 규모의 물류센터 부지로 이전을 했다.

'신성'은 35명의 동료와 함께하는 물류회사로 자리 잡았고, 3PL(재고관리, 창고운영, 운송 등 기업 물류의 모든 과정을 맡아주는 서비스) 서비스까지 운영하며, 매출도 꾸준히 상승했다.

2007년 10월, 상하차 아르바이트로 물류업에 뛰어든 나는 반장, 센터장, 본사 직원, 동업, 개인사업을 모두 경험했다. 18년 동안 축적되어온 경험을 바탕으로, 기꺼이 다음 단계로 레벨업 하기 위한 스텝을 계획하고 준비하고 있다.

이제부터 나를 '신뢰'해보자.

나는 분명히
다음 스텝으로 거침없이 나아갈 수 있고
자신만의 룰로 게임을 즐길 수 있다고.

나답게 살아보고자 한다면
자신부터 신뢰하고 믿어보자.

깡다구 좀 부릴게요

"여긴 대단한 사람들만 오는 곳 아닙니까?"

나는 나 스스로에게 자신 있었다. 일에 있어서 나와 비슷한 경력을 가진 사람 중에 나만큼 많은 시간을 일에 집중하고 투자한 사람은 없을 거라 생각했다.

우물 안 개구리였다.

사업도 어느 정도 안정적으로 돌아가고 있었고, 앞만 보고 살아온 나에게 조금은 안주해도 된다고 합리화했던 것 같다.

아니 나태했다. 그때 가깝게 지내던 변호사 형님을 통해 들어간 비즈니스 모임.

인생이든, 나이든, 나보다 더 위에 계신 선배님들도 아침 6시, 이른 시간에 나와 저렇게 열정적으로 사람들 앞에서 발표하고, 배우고 있는데 내가 뭐라고 자만했을까.

그제야 현재 나의 모습을 제대로 보게 되었다. 어릴 때부터 지금껏 열심히 살아왔다고 자신감 넘치던 우물 안 개구리였음을 깨달았다.

처음, 모임에 갔을 때 여기는 나랑 맞지 않는다고 생각했다. 대학 졸업장이 없어 배움에 대한 갈망이 남다르기는 하지만 뭐랄까. 자격지심? 학벌 좋은 사람들을 만나면 주눅이 들었고, 모임 사람들이 크게만 보였기 때문이다.

저렇게 대단한 사람들 앞에서 내가 어떤 말을 하고 어떻게 살아남나, 진짜 답이 없다고 생각했다.

그런데 30분이 지나니 오기가 생겼다.

내가 이 사람들 속에서 살아남아야

또 한 번 성장할 수 있지 않을까?

좁은 세상에서 만족했던 나를, 나태했던 나를, 자만했던 나를, 반성하고 리뉴얼해야 했다.

분명 사람들이 뿜어내는 에너지에는 이유가 있을 테니까.

함께 참가했던 친구들과는 달리 나는 그날 바로 모임에 나오겠다고 입회 의사를 밝혔다.

매주 목요일, 오전 6시에 만나 어떻게 보면 형식적으로 회의하는 것처럼 보이지만 그곳에서 받는 선배님들의 에너지와 노하우는 생각보다 영향력이 컸다.

몇 달 전까지만 해도 사람들 앞에서 발표하고 대화할 수 있는 자리가 생겼을 때, 머뭇거리거나 왜 해야 하는지 이유를 몰랐다면 지금은 미루지 않고 바로 대처하는 나 자신으로 변해갔다.

새로운 것에 호기심도 생겼다. 바쁘다는 이유로, 관심 없다는 핑계로 앞만 보고 달렸던 우물 안 개구리에서 또 다른 세상을 보려고 노력하는 나로 거듭나고 있었다.

살아가는 데 있어서
다른 분야에서 활동하는 사람들을 만나고
그들을 통해 다양한 경험을 할 수 있는 곳이 있다면
주저 없이 달려가라.

그들과 함께 시간을 보낸다면
그들이 뿜어내는 에너지에 힘을 얻고
그들처럼 행동하게 될 것이다.

인생에서 할 수 있는 가장 좋은 행동은
당신보다 더 나은 사람들과 함께하는 것임을
잊지 말자.

다시 20대로 돌아간다면 아마도 해외로 나가 뭐든 배우고 경험했을 거 같다. 정착하고 살았을지도 모른다. 물론 형제가 있다면 말이다. 어머니 홀로 두고 갈 수는 없으니까.

이런 갈망 때문인지 몰라도 영어를 배우고 싶었고, 온라인 강의로 공부를 해봤지만 한계가 있었다. 그러다 비즈니스 모임을 통해 연결된 외국인 친구가 인턴으로 들어오게 되었다.

"제가 바라는 건 딱 하나입니다.
일은 하지 마시고 제 곁에서 영어로만 말해주세요."

원래 운동을 좋아했다. 사회인 야구도 하고, 수영, 헬스, 골프... 운동을 꾸준히 해왔지만 체형은 완전 망가져 있었다. 그 모습이 안타까웠을까.

한 대표님이 몸 가꾸는 방법을 계속 알려주셨다. 아니 강요했다고 표현하고 싶다.

누구한테 통제받고 강요받는 거 싫어하는 나한테 왜 이렇게까지 권하실까, 솔직히 말하면 반감이 생길 정도였다.

그런데 웬걸, 삶의 질이 달라졌다고 해야 하나. 지나고 보니 너무 좋았다. 은인이라는 생각이 들 정도로 말이다.

나 스스로 못났다고 여겨본 적 없었지만 돌이켜보면 사람 만나는 걸 꺼리기도 했고, 몸을 가꾼다고 크게 달라질 건 없다고 생각했는데 만족감이 달랐다. 몸이 바뀌니 자신감이 넘쳤다.

어쨌든 나와의 싸움에서 이긴 거니까. 어렵고 힘든 걸 해낸 거니까.

몸을 가꾸기 위해 절제하고 통제할 줄 알게 되었고, 나를 위해 시간과 노력을 투자해야 한다는 것을 몸으로 배웠다.

불과 몇 달 전의 나의 모습과 지금 나의 모습은 완전 달라졌다. 조금 과장을 한다면 같은 사람이라고 생각하지 못할 정도로 바뀌었다.

더 좋아진 건 몸에 근육이 필요하듯이 마음에도, 감정에도 근육이 필요하다는 걸 알게 되었다는 거다.

안전지대에서 머물고 있던 나를 어서 움직이라고, 손상되고 사라진 마음의 근육과 에너지를 회복하라고 누군가 건강한 프로틴 하나를 건넨 느낌이었다.

누군가

필요없다고

안 해도 된다고

여겼던 그 무엇을

지속적으로 권유하고 있다면

한 번 시도해봐라.

아니 꼭 시도해봐라.

분명
배우는 것이 있을 거다.

나만의 속도

"계속 달리고 있는데 왜 뒤로 쳐지고 있지?"
"1등 할 거 아니면 그냥 즐겨."

달리기를 시작했다.

몸과 마음에 붙은 근육을 유지하기 위해서 여러 방법 중에 달리기를 선택한 것이다. 특별한 이유는 없었지만 출발점이 있고 목표점이 있다는 것이 좋았다.

처음 달리기를 시작했을 때만 해도 나를 앞질러 가는 사람들을 보며 '나도 저렇게 달려야지.' 하는 생각에 그들의 속도에 맞추려고 애쓴 적이 있다.

그러나 내 호흡과 페이스보다 그들의 속도에 맞추느라 오히려 나만의 리듬이 깨지곤 했다. 금세 숨이 차올라 얼마 못 가서 멈추는 일도 있었다.

'나도 계속 앞으로 달리고 있는데 왜 점점 뒤로 쳐지는 걸까?'

내 시야에서 사라지는 사람들, 걷기 시작하는 이들, 잠시 물을 마시는 사람들…

저마다의 방식과 속도로
각자의 달리기를 이어가고 있는 모습이 보였다.

결국 달리기도 나와 대화하며 나를 알아가는 거다. 호흡, 체력, 몸의 반응, 몸이 주는 신호, 컨디션을 알아가며, 안주하려는 나와 나아가려는 나를 조율하면서 그렇게 목적지를 향해 걸음을 옮기는 거다.

달리기는 목적지가 있다. 몇 킬로미터까지만 가면 끝이 난다는 것이 정해져 있으니 시작할 용기가 생기는 거다.

그런데 인생은 어디가 끝인지 알 수 없다. 그래서 어렵고 힘들며 용기가 나지 않을 수 있다.

비록 목적지가 어디인지 정확히 알지 못한다 해도 인생이라는 긴 마라톤을 시작한 이상, 허리를 펴고 고개 들어 내 호흡과 속도로 달려가야 한다.

나를 앞지르는 사람도 있을 수 있고, 몇 미터 가지 않아 내가 그의 앞으로 달려갈 수도 있다. 여전히 누군가의 뒤를 따라 달릴 수도 있다.

중요한 건 남들과 맞추기 위해 가쁜 숨을 참고 헐떡이며 달리는 것보다 내 페이스를 믿고 나답게, 나만의 속도로 완주하면 되는 거다.

우린 금메달을 따야 하는
마라토너가 아니지 않는가.

미치는 것에도 훈련이 필요하다. 노력이 필요하다. 석 달만 미친 척이라도 하다 보면 어느 순간 달라진 당신과 마주하게 될 거다.

인생의 겨울을 맞이한 당신에게 당당히 쉬어가라고 허락할 수 있다는 것은 정말 큰 용기다. 그러니 주위 사람들의 말에 흔들리지 말고 쉼을 선택한 당신에게 철저하게 집중해보라. 비겁한 뒷걸음이 아닌, 분명 명분 있는 지혜로운 방법이 될 것이다.

자신과 다른 분야의 사람들을 만나는 것을 즐겨야 한다. 처음에는 무슨 말을 하고 있는지 모를 수도 있고, 잘난 척하고 있다고 느낄 수도 있지만 지나치고 몰랐던 다른 세상이 분명 당신을 흥미롭게 할 테니까. 그리고 누군가가 무엇을 지속적으로 권유하고 있는 것에 실보다 득이 많다면 꼭 시도해봐라.

비록 목적지가 어디인지 정확히 알지 못한다 해도 인생이라는 긴 마라톤을 시작한 이상, 허리 펴고 고개 들어 내 호흡과 나만의 속도로 달려가야 한다. 남들과 맞추기 위해 가쁜 숨을 참고 헐떡이며 달리기보다 내 페이스를 믿고 나답게, 나만의 속도로 완주하면 되는 거다.

4막

성공할래?
성장할래?

스스로 결정하고 스스로 맞이하라

"어제와 다른 루틴을 만들어보시죠."

나는 뚜렷한 목표를 정하고 나아가는 성격은 아니다. 그래서 처음엔 낯설었다. 매일 아침, 일어난 시간을 단톡방에 인증하는 챌린지에 동참한다는 것이 나답지 않고 어색했다.

하지만 다른 사람들은 새벽에 일어나 무슨 일을 하며 하루를 시작하는지 궁금했다. 그러다 엿보고 싶어졌다.

다른 사람이 아닌 나를, 제3자의 시선으로 바라보는 시간을 갖는 것도 좋다고 생각했다.

새벽 5시에 일어나기로 정하고, 온전히 나에게 집중하기로 약속했다. 그렇게 시작된 기상 챌린지는 지금까지 하루도 빠지지 않고 실천하고 있다.

그날 이후로 내 삶은 많이 바뀌었다. 5시에 일어나 처리하지 못한 일을 마무리 짓기도 하고, 책을 읽기도 하지만 무엇보다 아침 운동을 통해 마음에 에너지가 생겼다고 해야 할까. 건강을 위한 운동하고는 또 다른 느낌, 몸의 움직임을 통해 나와 대화하고 나를 알아가는 느낌이 좋았다.

여행 가서도 5시에 일어나는 모습을 본 지인들이 좀 적당히 해라, 하기 싫을 때가 없냐, 왜 이렇게 열심히 하냐고 물어보곤 한다.

물론 나도 지치고 힘들 때가 있다. 로봇이 아닌데 어떻게 매일 좋기만 할까. 피곤하고 하기 싫을 때도 많다.

그럼에도 불구하고 쉬고 싶어 하는 나를 이겼다는 작은 경험이 부정적인 생각을 지우고 스트레스를 잠재워줬다.

어딜 찾아가 상담받은 것도 아니고 돈도 들지 않았다. 단지 나와의 약속을 지키고 여유롭게 아침을 맞이한 것밖에 없는데 결과는 참으로 놀라웠다. 직접 경험하지 않으면 모른다. 그렇기 때문에 당신도 의심을 거두고 당장 해봐라.

기상 챌린지든, 운동이든, 다이어트든, 무엇이든 괜찮다. 아주 사소한 것도 좋다. 작은 것부터 자신과 약속하고 지키기 위해 노력하면서 얻는 성취감, 맛을 알게 되면 최소한 무기력한 나는 사라질 것이다.

자신을 믿고 오늘부터 해보자. 혼자가 어려우면 같이 할 누군가를 찾아보면 된다. 요새는 어플을 통해 취미를 공유하고 무언가를 함께 도전하기 쉽지 않은가. 방법은 찾으면 된다.

나를 이겼다는
작은 경험이
부정적인 생각을 지우고
스트레스를 잠재워줬다.

과거엔 좋은 직장의 조건으로 '고용 안정'이었다면 이제는 '자기 발전의 기회가 많은 직장'이라는 기사를 본 기억이 있다. 일을 우선시하는 사회에서 워라밸을 중요시하는 사회로 변하고 있다는 것이다.

물류는 물건을 만드는 공장이 아니다. 그렇기에 사람이 재산이고 한 명, 한 명이 '신성'의 자산이라고 생각한다.

그래서 동료들과 최대한 격이 없게 지내려고 노력한다. 바쁜 월요일만 빼고 일이 끝나면 근무시간 상관없이 일찍 퇴근하는 문화를 만들었고, 주부 사원들에게는 유연하게 근무할 수 있도록 했다. 나름 직원들의 만족감이 높다.

'자기 발전의 기회가 많은 직장'
나도 일을 하면서 바래왔던 좋은 직장의 조건.

오래전부터 고민하고 방법을 찾아왔던 나는
〈미라클 모닝〉을 직원들에게 함께 하자고 제안했다.

자기계발을 하는 직원에 한해서 매달 인센티브를 주면 좋겠다는 생각에 책도 읽어 보면서 여러가지 방법을 고민했다. 그러던 중 뜻하지 않게 비즈니스 모임에서 얼리버드 모임이라는 활동이 있다는 것을 알게 되고 직접 실천하면서 아이디어를 얻게 됐다.

그렇게 시작된 미라클 모닝.

미라클 모닝은 한마디로 일찍 일어나는 거다. 본인이 기상 시간을 정하고 그 시간에 일어나서 자기계발 활동을 하는 거다. 온라인 강의를 들어도 좋고, 시를 써도 좋고 명상을 해도 좋고, 뭐든 가능하다.

미라클 모닝을 통해 생긴 귀한 시간을 어떻게 활용하는지 사진으로 인증하면 그때마다 인센티브로 적립해서 월급과 함께 지급한다.

쉬고 싶은 날엔 쉬고, 그럼 인센티브가 없는 거고, 하고 싶으면 하고 그러면 인센티브가 매일 적립되는 거고. 모든 것은 자기가 정하고 자기 하기에 달렸다.

강요는 없지만 기준은 있어야 해서 미션을 정했다.

월요일부터 금요일까지 주 3회 이상은 해야 인정되는 걸로 기준을 잡고 조금씩 발전시켜가면서 직원들과 함께 매일 미라클한 아침을 맞이하고 있다.

작은 목표를 이루고
어려운 과제를 조금씩 해결해 가는 것.

성취감은 반드시 결과나 결실에 도달하지 않더라도
그 과정에서 충분히 느낄 수 있다.

당신의 인생에 딴지 걸 거야?

"힘들어, 할 수 없어, 이런 말은 던져버리세요."

이상하게도 사람은 자신이 한 일에서 의미를 찾으려고 한다. 내가 살아온 날들이 아무 의미 없었다고 생각하고 싶지 않기 때문이다.

나는 이유 없이, 단지 호기심과 절박함을 가지고 살아왔다. 이유 없이 살아왔으니 내 삶은 아무런 의미도 없는 것일까?

그동안 성취도 있었지만 그 성취와 성장 사이에 많은 실패와

좌절이 있었다. 그것들은 대체 어떤 의미가 있을까?

스스로에게 물어보기 시작했다.
왜 그렇게 열심히 살았을까?

모두에게 같은 시간과 같은 환경, 같은 조건이 주어졌다고 생각해 보자. 그럼 여기서 누가 가장 앞서나갈 것인가? 고민은 시간만 늦출 뿐이다.

우리의 삶은 어차피 살아야 하고 나에게 주어진 일은 해야 한다. 하기 싫다고, 미루고 싶다고 피하면 뭐 하겠나? 결국에는 해야 하는데.

즐겨라. 즐기는 자는 이길 수 없다는 말도 있지 않은가.

아무도 당신이 과거에 어떤 일을 했는지 크게 관심 두지 않는다. 오늘을 즐기고 보람 있게 살면 그것이야말로 부러움의 대상이 될 것이다. 아니, 누구의 부러움을 살 이유도 없다. 그냥 나 자신이 즐거우면 될 뿐이다.

오래된 영화지만 '죽은 시인의 사회'에 이런 대사가 있다. "삶은 한 번이지만 올바른 선택을 할 수 있는 기회는 매일매일 있다."

이 말을 바꾸어서 들려주고 싶다. 삶은 한 번뿐이지만 새로운 경험을 하고 즐길 수 있는 기회는 매일매일 있다고.

그러니 주저하지 말고 인생을 즐겨라.

이 넓은 세상을 경험하며 긴 시간을 살아야 하는데 태어난 김에 즐겁게 살면 좋지 않겠는가. 정말 물리적으로 할 수 없는 일이 아니라면 예스맨이 되는 것도 좋다.

누구나 할 수 있는 일, 해결할 수 있는 문제는 말 그대로 누구든 할 수 있지만 대부분의 사람들은 평범함에서 조금만 벗어난 문제가 일어났을 때 대처하는 능력에서 차이가 많이 난다. 해결 능력에서 비로소 각자의 실력 차이가 발생하는 것이다.

삶을 게임처럼, 퀘스트처럼 주어진 환경을 탓하지 말고 상황에 맞게 슬기롭게 대처하면서 어제보다 한 단계 레벨업 해나가는 거다.

삶은 한 번뿐이지만

새로운 경험을 하고

즐길 수 있는 기회는

매일매일 있다.

의미라는 건 어쩌면 허상인지도 모른다. 원래 존재하는 것이 아니라 나중에 부여되는 건지도 모른다. 보는 사람에 따라, 보는 상황에 따라 전혀 다른 의미가 생길 수 있기 때문이다.

가난, 고난, 역경... 남들이 보기에 짠할 정도로 겪으며 살아왔지만 나는 무겁고 심각하게 받아들이지 않았다. 어쩌겠어 주어진 환경이 이런데, 나만 힘들겠어?라며 늘 그렇듯 대수롭지 않게 생각하려고 노력했다. 맞다. 노력했다. 그리고 나의 현실을 받아들였다.

대단한 부자가 되는 방법은 모르지만 적어도 가난이라는 놈에서 벗어나는 방법은 정확히 알고 있다. 쉽다면 쉽고 간단하다고 생각하면 간단하다.

핑계 대지 말고 남 탓, 부모 탓만 하지 않으며, 이건 못 해, 부정을 끊어내는 거다. 나태하게 살지 않는 거다. 내가 무엇을 하면 즐거운지를 몰라 시간만 흘려보내지 않는 거다. 내세울 것 하나 없는 나도 했는데 당신은 왜 못 할 거라 생각하나. 그러다 이도 저도 못하고 인생이 끝나버리고 만다. 정말로 그렇게 살고 싶은가.

부정은 인생을 살아감에 있어서 좋은 방향을 알려주지 않는다. 부정적인 시각과 마음가짐은 나를 좌절로 쉽게 빠지게 만든다.

반면 긍정은 어떤 선택을 해도 잘못된 선택이라고 생각하기보다 모든 것을 좋은 경험이었다고, 도움이 될 거라고 받아들이게 하는 힘이 있다.

같은 상황이고 같은 조건인데 좌절하느냐, 아님 경험으로 받아들이고 나아가느냐는 정말 엄청난 차이가 있다고 본다.

한번은 나도 사이드 수익을 내고 싶어서 주식, 코인, 다 해봤지만 결국 손해를 봤다. 주식과 코인에 열과 성의를 다해 분석하고 공부하며 내가 해왔던 것처럼 노력이라는 시간을 투자하지 않았기 때문이다.

그 이유를 정확히 알고 있기에 후회하지 않는다. 그 분야의 부족함을 빨리 인정했고, 좋은 경험이라고 생각했다. 이러면서 배우는 거다. 인생 뭐 별거 없다.

나에게 일어난 모든 상황을
부정이 아닌 긍정으로 바라볼 수만 있다면
삶의 질은 달라질 것이다.

성공할래? 성장할래?

"당신은 무엇을 선택할 것인가."

나는 '성공'이란 단어를 싫어한다.

성공이란 단어의 사전적 의미는 '목적하는 바를 이룸'. 너무나 근사한 말이다. 그런데 사람들은 많은 돈을 벌고, 더 위로 올라가는 것을 성공이라고 생각한다. 그런 이유로 싫어한다.

또한, 사람들은 성공하면 삶이 편해질 거라고 믿는다.

진정 편하게 사는 것이 삶의 목표라면 지금 현재에 만족하는 것이 가장 빠른 방법일 거다. 하지만 적어도 당신과 내가 살고 싶은 삶은 아니다.

경제적 부, 승진, 재산 축적 같은 것이 아니라 자기만족을 성공으로 정의하는 사람도 있다. 가령 경제적으론 안 좋아도 예술가로서 작품 활동을 하거나, 다른 사람들을 위해 봉사활동을 하며 자신만의 목적을 이루고 있는 것도 성공이라 부를 수 있다.

그런데 우리는 왜 '성공'이라고 하면 돈이 많고 적음으로 판단하는 걸까?

돈은 중요하다. 돈으로 사람을 평가하는 것이 제일 쉽고 빠르기 때문이다. 그 사람의 인생 스토리에 관심을 두기에는 시간도 부족하고 귀찮다.

그저 눈에 보이는 그 사람의 명함이나 자동차, 사는 동네, 돈 씀씀이로 단숨에 평가하는 것이다. 돈은 가장 쉬운 평가 기준일지 몰라도 절대적인 기준은 아니다. 그런 시선으로 스스로를 평가

하는 것은 슬픈 일이다.

나는 '성장'이란 말을 좋아한다.

하지만 성장하는 길은 늘 외롭다.

내가 하고자 하는 일에 최선을 다하고 열심히 한다고 생각하는데 문득 외롭다고 느껴지고 마음 한쪽이 쓸쓸하다면 원하는 길로 잘 가고 있다고 생각한다.

이 세상 어느 곳에도 나와 같은 생각을 하고 나와 똑같은 생활을 하는 사람은 없다. 내가 가는 길이 외롭고 쓸쓸하다면 나만의 방식으로 내가 원하는 길로 가고 있다는 것이다.

하지만 '잘못된 외로움'을 '성장의 외로움'으로 착각하면 안 된다.

착각하지 않기 위해서는 힘들고 지칠 때, 곁에 있는 사람들이 당신에게 뭐라고 하는지, 어떻게 평가하는지 귀담아 들어보는 것도 좋다.

평가해달라는 것 때문에 지금 당신 앞에서 말하고 듣는 것이 아니라 자연스럽게 당신에 대해 이야기하는 경우가 분명 있을 것이다.

나는 어떤 사람이고, 어떻게 보여지고 있는지 알게 되면 당신도 몰랐던 숨겨진 매력이나 잠재력, 또 다른 모습의 당신을 만나게 될지 모른다.

'나는 어떤 사람인가'에 대한 질문일 수도 있고, 좀 더 깊게 들어가면, '나는 정말로 어떤 성향과 인격, 그리고 가치관을 가지고 사는 사람인가.'에 대한 정리일 수도 있다.

누군가 단점을 말해준다면 알고는 있지만 인정하고 싶지 않은 것인지, 고치려고 노력하는 중인지 생각해보고 판단하면 된다.

생각지도 못한 매력을 발견했다면 지치지 말고 더 키워가면 된다. 잘하고 있다고 용기를 주면서 말이다.

한번은 아내에게 내 장점이 뭐냐고 물어본 적이 있다.

"남의 얘기를 흘려듣지 않는 거. 내가 무슨 얘기를 하면 바꾸려고 노력하잖아."

"그럼 단점은?"

"좋은 사람, 존경받는 사람이 되고 싶어 하는데, 주위 사람들도 그러길 바라는 거. 강요하진 않지만 불편하게 만들지."

나의 오늘은 어제와 달라졌는가?

오늘의 나는 충분히 즐겼는가?

내일의 나를 롤모델로 삼아도 되는가?

내가 들었던 많은 평가 중에 가장 기억에 남는 말은 "너처럼은 못 살겠다."라는 것이었다. 난 주어진 상황에 최선을 다하고 시간을 헛되게 쓰고 싶지 않고, 스스로 잘하고 있다는 생각에 의심하지 않았지만 가끔은 잘하고 있는 게 맞나? 싶을 때가 있다.

주변을 보면 노력하고 있는데 왜 일이 안 풀리냐며 신세 한탄을 하는 경우를 가끔 볼 수 있다. 우리는 모두 머리로는 이해하고 있다. 성장하고 싶다면 어떻게 해야 하는지를 말이다. 그런데 진정 행동으로 옮겼는지 되묻고 싶다.

이런 내 질문이 불편한가.
아니면 자신에게 떳떳한가.

성장하는 길은 언제나 외롭다.

귀찮으니까 적어보라고

"의지가 약한 것이 아니라,
덜 좋아하는 것일 수 있잖아."

어릴 적 무언가를 제대로 실천하지 못하는 경우 대게는 의지가 약하다는 말을 가장 많이 듣는다. 하지만 의지라는 녀석에게도 당연히 한계가 있지 않을까.

내가 지금 원하는 것이 뭔지, 내가 지금 무엇 때문에 망설이는지, 내가 지금 힘들어하는 이유가 무엇인지, 어쩌면 제대로 모르면서 의지가 약하다고 자책하는 것은 아닌지 생각해봐라. 그리고 그 생각을 정리해볼 필요가 있다.

「정리의 가장 기본적인 원칙은 바로 이것이다. 정리의 부담을 뇌에서 바깥세상으로 넘겨라. 이런 과정의 일부 혹은 전부를 뇌에서 물리적 세계로 떠넘길 수 있다면 실수할 가능성이 그만큼 줄어든다. 정리된 마음은 그저 실수를 피하는 것 이상의 일을 하게 해준다.」

<정리하는 뇌, 일부 발췌>

'정리하는 뇌'란 결국 뇌를 잘 정리하게 만드는 방법이 아닌, 뇌의 정리를 위한 시스템을 만드는 것이었다. 그렇다. 방법이 아닌 시스템을 만들어야 한다. 우리는 어쩌면 방법에만 집중하고 매달렸는지 모르겠다.

조금 다르게 표현해보겠다.

머릿속에서만 맴돌지 말고 현재의 상황과 문제점, 아이디어를 한눈에 파악할 수 있도록 적거나 도식화해보자.

예를 들자면 어떤 문제나 주제에서 시작해 꼬리에 꼬리를 물어 세분화하고, 가지를 쳐가면서 해결방안을 찾아간다. 머릿속에만 갇혀있게 만들지 말고 반드시 작성해보자. 문제나 주제의 전체 모습이 보일 것이다. 완성된 「생각 트리」를 보며 '전체'를 파악할 수 있고 '부분'에 집중할 수도 있다. 의지가 약한 것이 아니라 내가 덜 좋아한 일일지도 모른다.

오늘 할 일, 이번 주에 할 일, 미뤄도 될 일을 작은 수첩이나 포스트잇, 핸드폰에 작성한다. 우리는 이것을 실천할 수도 있고 다음으로 미룰 수도 있으며 없애버릴 수도 있다. 내가 해야 할 일들의 우선순위가 잡히고 방향과 속도를 조절할 수 있게 된다.

이처럼 생각을 정리하고 문제를 해결하는 기술에는 다양한 방법이 있지만 중요한 것은 시스템화 해야 한다는 것이다. 다시 말하면 습관으로 만들어야 한다는 뜻이다.

한두 번 해서 끝나는 것이 아니라, 반드시 몸으로 익혀 자연스럽게 실천할 때까지 귀찮아도 해봐라. 잡다한 생각으로부터 자유롭게 될 테니.

기상 챌린지든, 운동이든, 다이어트든, 무엇이든 괜찮다. 아주 사소한 것도 좋다. 작은 것부터 자신과 약속하고 지키기 위해 노력하면서 얻는 성취감, 그 맛을 알게 되면 최소한 무기력한 나는 사라질 것이다. 성취감은 반드시 결과나 결실에 도달하지 않더라도 그 과정에서 충분히 느낄 수 있다. 그러니 자신을 믿고 오늘부터 해보자. 혼자가 어려우면 같이 할 누군가를 찾아보면 된다. 방법은 찾으면 된다.

우리의 삶은 어차피 살아야 하고 나에게 주어진 일은 해야 한다. 하기 싫다고, 미루고 싶다고 피하면 뭐 하겠나 결국에는 해야 하는데. 삶은 한 번뿐이지만 새로운 경험을 하고 즐길 수 있는 기회는 매일 매일 있다고 말해주고 싶다. 그러니 주저하지 말고 인생을 즐겨라. 이 넓은 세상을 경험하며 긴 시간을 살아야 하는데 태어난 김에 즐겁게 살면 좋지 않겠는가. 정말 물리적으로 할 수 없는 일이 아니라면 예스맨이 되는 것도 좋다.

나는 '성장'이란 말을 좋아한다. 하지만 성장하는 길은 늘 외롭다. 내가 하고자 하는 일에 최선을 다하고 열심히 한다고 생각하는데 문득 외롭고 쓸쓸하다면 원하는 길로 잘 가고 있다고 생각한다. 그렇다고 '잘못된 외로움'을 '성장의 외로움'으로 착각하면 안 된다. 착각하지 않기 위해서는 힘들고 지칠 때, 곁에 있는 사람들이 당신에게 뭐라고 하는지, 어떻게 평가하는지 귀담아 들어보는 것도 좋다.

오늘 할 일, 이번 주에 할 일, 미뤄도 될 일을 작은 수첩이나 포스트잇, 핸드폰에 작성한다. 우리는 이것을 실천할 수도 있고 다음으로 미룰 수도 있으며 없애버릴 수도 있다. 내가 해야 할 일들의 우선순위가 잡히고 방향과 속도를 조절할 수 있게 된다. 이처럼 생각을 정리하고 문제를 해결하는 기술에는 다양한 방법이 있지만 중요한 것은 시스템화 해야 한다는 것이다. 반드시 몸으로 익혀 자연스럽게 실천할 때까지 귀찮아도 해보자. 분명 잡다한 생각으로부터 자유롭게 될 것이다.

에필로그

나에게는 이유가 없었다.

왜 그렇게 호기심을 가졌는지, 왜 그렇게 절박했는지 그 이유가 없었다.

학교에 다녀와 상하차 일로 피곤한 몸으로도 반장님을 따라다니던 내 모습을 떠올린다. 반장 노릇을 한다고 우습게 보는 눈빛을 견뎌내던 스무 살의 어린 나를 바라본다. 현장 출신의 놈이 학벌 좋은 동료들도 받기 힘든 평가를 받기까지 노력했던 청년을 생각해 본다.

단순히 힘들게 살다가 고생해서 어느 정도 자리를 잡았다는 이야기를 하려는 것은 아니다.

높은 위치에 있는 사람들을 바라보기에는 너무 멀고 현실감이 없겠지만 스스로의 상황을 인정하며 찾아온 작은 기회들을 가벼이 여기지 않고 몸으로 부딪쳐 자신의 것으로 만들었던 나의 이야기 정도라면, 그 누구도 용기를 낼 수 있다고 생각했다. 그래서 이야기를 써 내려갔다.

생각에 갇혀 머물러만 있는 당신에게, 방법 찾기에만 소비하고 있는 당신에게 나와 함께 행동해 보자고 말해주고 싶었기 때문이다.

경험하지 않고 남들이 써놓은 인터넷 지식만으로 머리가 채워진다면 할 수 있는 일은 하나도 없다. 다른 사람의 경험담이 아닌 몸으로 겪으며 그 궁금증을 해결해야 한다. 직접 경험이 없다면 작은 기회조차 찾아오지 않을 테니까.

바쁜 와중에도 다양한 이유로 해외를 나간다. 의정부가 대도시라고 생각했던 나에게 바다 건너 더 넓은 세상은 늘 흥미진진하다. 저녁에 호텔에 들어와도 혼자 다시 길을 나서곤 했다. 골목 안의 모습은 어떤지, 관광객이 아닌 이곳 사람들은 어떤 모습으로 살고 있는지 둘러본다. 위험하다고 말리는 아내도 내 호기심을 이길 수 없다. 앞으로 어느 지역, 어떤 새로운 분야로 내 삶이 펼쳐질지 아직도 궁금하다.

살다 보면 뭐든 하기 싫은 날도 있다. 사람인데 그런 감정 없이 어떻게 살아가겠는가. 하지만 하기 싫은 이유가 일이 싫은 것인지, 상황을 외면하고 싶은 것인지, 컨디션이 좋지 않아 힘든 것인지

구분을 잘해야 한다.

앞서 말한 대로 생각을 정리하고 문제를 해결하는 기술을 시스템화하고 있다면 정답은 아니어도 해답을 쉽게 찾을 수 있을 것이다. 그 해답을 통해 지든 이기든 버티고 꾸준히 하다 보면 결국 상대가 지친다. 어제의 나보다, 덜 지친 오늘의 내가 이긴다는 말이다.

30대에 책을 냈으니 이제 뭘 해볼 거냐는 질문을 받는다. 난 이제 시작이라고 말한다. 40대도, 50대도, 이야기를 만들고 그 이야기를 통해 세상과 소통할 거다. 재미있게 살 거다. 그리고 다양한 것들을 시도하고 도전해볼 거다.

당연한 말이지만 나의 이야기는 아직 끝나지 않았다. 궁금한 것이 많고 도전에 목마르다. 안테나를 높게 세우고 나의 호기심을 자극하는 일을 찾고 있다.

난 여전히 절박하다. 배고프고 힘든 상황이어서 절박한 것이 아니라 한 번뿐인 내 삶이기 때문에 절박하다. 단 한 번 주어진 귀중한

삶에서 더 많은 이야기를 쓰고 싶다.

자, 이제, 당신 차례다.

당신은 이 책을 덮는 순간, 무엇부터 실행할 것인가.

자신이 좋아하고 미칠만한 것이 무엇인지 찾는 것부터 할 것인가.

아님 생각의 트리를 작성해서 문제 해결에 집중해 볼 것인가.

오늘 해야 할 일과 미뤄도 되는 일, 다음 주에 해야 할 일을 정리할 것인가.

자신의 위치에서 '호구'로 불릴 각오로 경험치를 높일 것인가.

어떤 치트키를 가지고 어제의 나를 이길 것인가.

어제의 나를 이긴 당신에게 어떠한 보상을 줄 것인가.

오직 당신의 몫이다.

오직 당신만이 찾을 수 있다.

당신의 이야기를 아껴야 한다.

당신의 이야기를 끝내지 않아야 한다.

당신의 이야기는 지금 진행 중이고 당신이 진정 만들어 갈 이야기는 아직 시작되지 않았는지 모른다.

당신의 지난 이야기는 오늘의 이야기를 더 빛내기 위함이며, 오늘의 이야기는 내일에 더 귀하고 아름다워질 것이다.

나는 설렌다.

나는 기다려진다.

당신의 다음 이야기가 어떻게 펼쳐질지 기쁜 마음으로 기다리고 또 기다리겠다.

나는, 호구였다

초판 1쇄 발행   2025년 3월 31일

지은이 박정욱
펴낸이 최현희
펴낸곳 샵북
디자인·인쇄 삼진커뮤니케이션즈

출판등록 2021년 2월 2일 제25100-2021-000009호
주소 서울시 중구 마른내로 10길12, 삼진빌딩 3층
홈페이지 www.samzine.co.kr
이메일 master@samzine.co.kr
전화번호 02-6272-6825

ⓒ 샵북, 2025
ISBN 979-11-94421-05-4

※ 잘못된 책은 구입한 곳에서 교환해드립니다.
※ 가격은 뒷표지에 있습니다.